ratio

Band 20

VON HASEN, HUNDEN UND ANDEREN TIEREN

Texte für die Interimslektüre

von Rainer Nickel

C. C. Buchners Verlag · Bamberg

ratio

Lernzielbezogene lateinische Texte
In Verbindung mit Erich Happ und Klaus Westphalen
herausgegeben von Gerhard Jäger

Band 20 wurde bearbeitet von Rainer Nickel, Göttingen

Genehmigt in Bayern

1. Auflage 1 4 3 2 1 1988 87 86 85
Die letzte Zahl bedeutet das Jahr dieses Druckes.

Alle Drucke dieser Auflage sind, weil untereinander unverändert, nebeneinander benutzbar.

ISBN 3 7661 **5850** 3

Einband: Peter Hofmann, Bamberg
Gesamtherstellung: Fränkischer Tag GmbH & Co. KG, Bamberg

Einleitung

Alle Texte dieser Sammlung handeln von Tieren – aber nicht nur von Hasen und Hunden, sondern auch von Eseln, Füchsen, Wölfen, Ziegenböcken, Fröschen und Ochsen, von Gänsen und Schweinen, Löwen und Stieren, Flöhen und Würmern usw. Doch obwohl ständig von Tieren die Rede sein wird, geht es letztlich nur um Menschen. Denn die Tiere sind Darsteller oder zumindest Requisiten menschlichen Geschehens, menschlicher Gefühle und Empfindungen, menschlicher Größe und Niedertracht. Die Tiere sind Zeichen, mit denen die Autoren der Texte etwas über den Menschen sagen wollen. Zur Veranschaulichung seien drei Beispiele vorausgeschickt:

Der Humanist **Joachim Camerarius** (1534–1598) verfaßte unter der Überschrift *Fert omnia secum (aliter: omnia mea mecum porto)* folgendes Distichon:

O felix secum sua quicumque omnia portat
fortunae vivens liber ab arbitrio.

(aus der Sammlung Lat. Gedichte deutscher Humanisten von Harry C. Schnur, Stuttgart, Reclam, 1966, 36)

Dieser kurze Text ist auf den ersten Blick nichts anderes als eine poetische Fassung des berühmten Ausspruchs, den Cicero (*paradoxa Stoicorum* 1,1,8) dem Philosophen Bias und Seneca (*Epistulae ad Lucilium* 9, 18) Stilpon zuschreibt. Camerarius veranschaulicht die Bedeutung dieses Ausspruchs mit dem Bild der Schnecke, die ihr Haus trägt. Vordergründig wird also die Schnecke glücklich gespriesen; gemeint ist aber der Mensch, der sein Glück durch Selbstgenügsamkeit und Bedürfnislosigkeit erreicht.

In seinem 84. Brief an Lucilius, der einen Appell zu eingehender Lektüre wertvoller Schriften enthält, schildert **Seneca** ausführlich das Leben und Verhalten der Bienen, um Lucilius dazu aufzufordern, diese Tiere nachzuahmen und das Gelesene so zu verarbeiten und zu „verdauen“ wie diese. Auch hier wird das Tier als Leitbild oder Exemplum eines für den Menschen wünschenswerten Verhaltens dargestellt.

Der ältere **Plinius,** der in seiner *Naturalis historia* (8, 1) den Elefanten als das Landtier mit der größten Menschenähnlichkeit geschildert hatte, räumt den Bienen unter den Insekten den höchsten Rang ein (11, 11–26; 59–68). Denn sie haben ebenfalls „menschliche“ Verhaltensweisen und Einrichtungen: Sie ertragen Anstrengungen, arbeiten, haben einen Staat und sogar eine Moral; sie kennen die wohlorganisierte Arbeitsteilung, haben Sicherheitsorgane, können das Wetter voraussagen, pflegen Faulpelze zu bestrafen, halten ihre Behausungen peinlich sauber und bestatten ihre Toten. – Auf diese Weise vermittelt die Darstellung der Bienen durch Plinius eine Art von Spiegelbild der menschlichen Gesellschaft, wie sie zur Zeit des Autors erstrebenswert erschien.

Die in diese Sammlung aufgenommenen Texte sollen den Lektüreunterricht auflockern helfen, kurzweilige, aber durchaus anspruchsvolle Unterhaltung bieten, Abwechslung bringen und schließlich auch die Freude an der lateinischen Sprache erhöhen. Die Texte sind also für die sogenannte INTERIMSLEKTÜRE bestimmt. Sie werden in die Hauptlektüre eingeschaltet, um die Beschäftigung mit einem einzigen langen Text zeitlich nicht zu überziehen und durch Abwechslung neue Motivation zu erzeugen.[1]) Sie können auch zur Überbrückung oft nicht optimal genutzter Unterrichtsphasen z. B. unmittelbar vor oder nach den Ferien oder in der Zeit nach dem Abschluß einer Lektüre bzw. vor Beginn einer neuen Lektüre verwendet werden.

Die INTERIMSLEKTÜRE dient jedoch nicht nur zur Auflockerung des Lektürenunterrichts und zur besseren Nutzung der verfügbaren Zeit. Sie ermöglicht auch eine Berücksichtigung thematischer Bereiche, die bei einer Beschränkung auf die vorgeschriebene Hauptlektüre unbeachtet bleiben. Die Texte der INTERIMSLEKTÜRE verbreitern also das thematische Angebot des Lektüreunterrichts und bieten weiterreichende Einblicke in die lateinische Literatur unter relativ geringem Zeitaufwand. Dazu gehört u. a. das weite Feld der spätantiken und der mittellateinischen Literatur.

Darüber hinaus soll die Lektüre zur Erweiterung und Vertiefung der lateinischen Sprachkenntnisse führen, die Lektüreerfahrung erhöhen, zur Routine im Umgang mit lateinischen Texten beitragen und zur Sprachreflexion anregen (z. B. beim Erschließen unbekannter Wörter aus bekannten Wortbildungselementen, bei der Feststellung des Bedeutungswandels lateinischer Wörter, aber auch bei der Klärung der Frage, welche Funktion das Tier-Motiv für die jeweilige Mitteilungsabsicht des Autors hat).

---

[1]) Zur didaktischen Funktion der Interimslektüre grundlegend: Glücklich, H.-J.: Lateinische Lektüre auf der Sekundarstufe I, in: AU 23, 3, 1979, 5–30 und – basierend auf Glücklich – Maier, F.: Der lateinische Lektüreunterricht auf der Sekundarstufe I (Mittelstufe), in: Gruber, J. – Maier, F. (Hrsg.): Fachdidaktisches Studium in der Lehrerbildung. Alte Sprachen 2, München 1982, 63–86.

Die Texte sind nicht unter inhaltlich-thematischen Gesichtspunkten (wegen dauernder Überschneidungen ist dies nicht sinnvoll), sondern nach ihrem sprachlichen **Schwierigkeitsgrad** geordnet. Im 1. Teil der Sammlung findet man die Texte, die bereits im frühen Lektüreunterricht gelesen werden können. Der 2. Teil und der 3. Teil enthalten etwas schwierigere Texte, die vornehmlich für den späteren Lektüreunterricht geeignet sind, weil sie eine etwas größere Erfahrung im Umgang mit lateinischen Texten voraussetzen.
Die Angaben und Hilfen unter den lateinischen Texten sollen die Lektüre erleichtern und zur Erhöhung des Lesetempos beitragen. Für die Auswahl der Angaben war die lateinische Wortkunde von Konrad Raab und Manfred Keßler (Buchner – Lindauer – Oldenbourg) maßgebend. Es wurden in der Regel nur die Wörter angegeben, die bei Raab-Keßler nicht verzeichnet sind.

1. Teil

1. Des Hasen Klage

Der Text mit der lateinischen Überschrift *Cantus de lepore* stammt aus einer Sammlung lateinischer und deutscher Texte, die unter der Bezeichnung *Codex Latinus Monacensis 10 751* in der Bayerischen Staatsbibliothek München aufbewahrt wird. Der Codex ist im Jahre 1575 von dem Benediktinermönch Anton Husemann aus Beckum in Westfalen geschrieben worden. Der Verfasser des Cantus ist jedoch unbekannt.

1. Flevit lepus parvulus
clamans altis vocibus:
Quid feci hominibus,
quod me sequuntur canibus?

2. Neque in horto fui,
neque holus comedi.
Quid feci hominibus etc.

3. Longas aures habeo,
brevem caudam teneo.
Quid feci hominibus etc.

4. Leves pedes habeo,
magnum saltum facio.
Quid feci hominibus etc.

5. Caro mea dulcis est,
pellis mea mollis est.
Quid feci hominibus etc.

6. Quando servi vident me,
Hase, Hase vocant me.
Quid feci hominibus etc.

7. Domus mea silva est,
lectus meus durus est.
Quid feci hominibus etc.

8. Dum montes ascendero,
canes nihil timeo.
Quid feci hominibus etc.

9. Dum in aulam venio,
gaudet rex et non ego.
Quid feci hominibus etc.

10. Quando reges comedunt me,
vinum bibunt super me.
Quid feci hominibus etc.

11. Quando comederunt me,
ad latrinam portant me.
Quid feci hominibus,
quod me sequuntur canibus?

---

1. **lepus, leporis** m.: *animal, quod aures longas habet*
2. **holus, holeris** n.: Kohl – **comedere**: wie *edere*
3. **cauda**: Schwanz
4. **saltus, -us** m.: Sprung
6. **servus**: h. Diener
9. **aula**: h. Hof (eines Königs), aber auch: Kochtopf
10. **comedunt**: lies „c'medunt"
11. **latrina**: Latrine, Toilette

2. Der Tod des Esels

(ed. Novati, 73)

Der Verfasser der aus dem Mittelalter stammenden Klage eines Bauern um seinen Esel ist unbekannt. Von diesem Klagelied sind mehrere Fassungen überliefert. Es ist offensichtlich verbreitet gewesen und gern gesungen worden.

1. Rusticus, dum asinum
vidit suum mortuum,
flevit eius obitum:
ofe, ofe, ofe,
moriens aselle,
vellem mori pro tibi!

2. Si te scivissem, asine,
moriturum frigore,
non caruisses indui.
ofe, . . .

3. Emissem tibi tunicam,
bracam et camisiam,
cingulum, bursiculam.
ofe, . . .

4. O tu, bone presbyter,
fac sibi pulsare ter,
cantare solemniter!
ofe, . . .

5. Ad ecclesiam ibimus,
requiem cantabimus,
asinum servabimus.
ofe, . . .

6. Caro datur vermibus
cutisque sutoribus,
anima daemonibus.
ofe, . . .

7. O vos cuncti Bavari,
sumite caudam asini:
cum ea suspendimini!
ofe, . . .

---

1. **flere** (m. Akk.): h. beweinen – **obitus, -us** m.: zu *obire (mortem)* – **ofe**: ach – **asellus**: Deminut. zu *asinus* – **pro tibi**: wie *pro te*
2. **moriturum**: erg. *esse* – **carere** (m. Inf.): h. verzichten müssen
3. **tunica**: h. Unterhemd – **braca**: Hose – **camisia**: Hemd – **cingulum**: Gürtel – **bursicula**: Beutelchen
4. **presbyter**: Priester (der die Bestattungsfeierlichkeiten leitet) – **sibi**: wie *ei* – **pulsare**: h. (die Glocken) ertönen lassen – **fac pulsare** bzw. **cantare**: laß läuten bzw. singen – **ter**: dreimal
5. **ecclesia**: Kirche
6. **vermis, -is** m.: Wurm – **cutis, -is** f.: Haut – **sutor, -oris** m.: Schuster – **daemon, -onis** m.: böser Geist
7. **Bavarus**: Bayer

3a. Der Fuchs und der Wolf (Odo von Cherington 19)

Die Tierfabel gehört zu den ältesten Formen der Literatur. Schon in den sumerischen Texten des zweiten Jahrtausends vor Chr. finden sich Tierfabeln. Die bedeutendste griechische Fabelsammlung stammt aus dem 6. Jahrhundert vor Chr. Sie wird Äsop zugeschrieben. Auf Äsop gehen die lateinischen Fabeln des Phaedrus zurück. Auch in der Spätantike und im Mittelalter werden die alten Fabeln weiterüberliefert, neu gedeutet und verändert. In der Zeit der Reformation und der Aufklärung steht die Fabeldichtung erneut in hoher Blüte. – Die Fabel „transportiert“ allgemeine Wahrheiten, Lebenserfahrungen, Erkenntnisse, Existenzdeutungen, die in mehr oder weniger lehrhafter Absicht weitergegeben werden. – Odo ist ein religiöser Schriftsteller des Mittelalters (1. Hälfte des 13. Jahrhunderts), der die antike Fabel zur Vermittlung seiner christlichen Weltanschauung umgeformt und in ein anderes Gewand gehüllt hat.

Vulpes casu cecidit per unam situlam in puteum. Venit lupus et quaerebat, quid faceret ibi. Quae ait: „Bone compater, hic habeo multos pisces et magnos; utinam mecum partem haberes!“ Et ait Ysemgrimus: „Quomodo possem illuc descendere?“ Ait vulpecula: „Supra est una situla; pone te intus, et venies deorsum.“ Et erant ibi duo situlae; quando una ascendit, alia descendit. Lupus posuit se in situlam, quae erat supra, et descendit insum; vulpecula in alia situla ascendit sursum. Et quando obviaverunt sibi, ait lupus: „Bone compater, quo vadis?“ Et ait vulpes: „Satis comedi et ascendo. Tu descende et invenies mirabilia.“ Descendit miser lupus nec invenit aliquid nisi aquam. Venerunt mane rustici et extraxerunt lupum, et usque ad mortem verberaverunt.

Vulpecula significat diabolum, qui dicit homini: „Descende ad me in puteum peccati et invenies delicias et multa bona.“ Stultus adquiescit et descendit in puteum culpae, et ibi nullam invenit refeccionem. Tandem veniunt inimici et extrahunt impium, percutiunt et perimunt. Diabolus multa bona Adae promisit; sed multa mala persolvit.

---

1 **vulpes, -is** f.: Fuchs – **situla**: Eimer – **puteus**: Brunnen – **compater** (eig. *cum-pater*): Pate – **Ysemgrimus**: Beiname des Wolfes – **vulpecula**: Deminut. zu *vulpes*

5 **intus**: hinein – **deorsum**: herunter – **insum**: hinunter – **sursum** nach oben – **sibi obviare**: vgl. *obvius* und *obviam*

9 **comedere**: wie *edere* – **extrahere**: aus *ex* und *trahere* – **verberare**: zu *verbera, -um* n. – **diabolus**: Verleumder, Teufel

14 **adquiescere**: wie *quiescere* – **refeccio, -ionis** f.: Erquickung – **perimere**: vernichten – **Adae** (Dat).: Adam, Mensch – **persolvere**: h. heimzahlen

3b. Der Fuchs und der Bock (Phaedrus 4, 9)

Der römische Dichter Phaedrus (15 vor – 55 nach Chr.) stammte aus Makedonien und lebte zunächst als Sklave in Rom, wo er einem Enkel des Kaisers Augustus Griechischunterricht erteilte. Nach dem Tode seines Schülers wurde er freigelassen und begann mit seiner schriftstellerischen Tätigkeit als Verfasser von Fabeln nach dem Vorbild des Äsop, eines griechischen Fabeldichters aus dem 6. Jahrhundert.

Homo in periclum simulac venit callidus,
Reperire effugium quaerit alterius malo.
Cum decidisset vulpes in puteum inscia
Et altiore clauderetur margine,
Devenit hircus sitiens in eundem locum.
Simul rogavit, esset an dulcis liquor
Et copiosus, illa fraudem moliens:
„Descende, amice; tanta bonitas est aquae,
Voluptas ut satiari non possit mea."
Immisit se barbatus. Tum vulpecula
Evasit puteo nixa celsis cornibus
Hircumque clauso liquit haerentem vado.

---

2 **effugium**: zu *effugere* – **malo**: Abl. modi – **decidere**: aus *de* und *cadere* – **vulpes, -is** f.: Fuchs – **puteus**: Brunnen – **altior**: zu hoch – **margo, -inis** f.: Rand

5 **devenire**: wie *venire* – **hircus**: Bock – **sitire**: zu *sitis, -is* f. – **eundem**: lies zweisilbig – **liquor, -oris** m.: wie *aqua* (vgl. *liquidus*) – **bonitas, -atis** f.: zu *bonus* – **satiare:** (zu *satis*) sättigen

10 **se immittere**: wie *se (in puteum) mittere* – **barbatus**: vgl. *barba* – **vulpecula**: Deminut. zu *vulpes* – **puteo**: Abl. separat. zu *evasit* – **celsus**: hochragend – **clausus**: h. rings umschlossen – **liquit**: wie *reliquit* – **haerere** (m. Abl.): h. stecken in – **vadum**: Tiefe (des Brunnens)

4a. Der Frosch, der sich aufblies

(Odo von Cherington 62)

(vgl. Einführung zu Text 3a.)

Rana vidit bovem in prato incedentem. Cogitavit, si posset esse ita magnus ut bos ille, et vocavit filios dicens: „Ecce quanta decentia et magnificentia; si possem ad magnitudinem bovis pervenire!“ Et intumuit et inflatus est, quantum potuit. Et ait filiis suis: „Adhuc ita magnus sum ut ille bos?“ Dixerunt filii: „Nondum magnus es ut caput bovis.“ „Est ita“, dixit rana, „adhuc inflabor.“ Et in tantum intumuit, quod crepuit.

Sic sunt plerique, qui vident episcopos, abbates, archidiacones quasi boves cum magna pompa incedentes. Cogitant, qualiter possent ita magni fieri, et in tantum conantur, quod in anima vel corpore moriuntur.

4b. Der geborstene Frosch und der Ochse

(Phaedrus 1, 24)

(vgl. Einführung zu Text 3b.)

Inops, potentem dum vult imitari, perit.
In prato quondam rana conspexit bovem
Et tacta invidiā tantae magnitudinis
Rugosam inflavit pellem: tum natos suos
Interrogavit, an bove esset latior.
Illi negarunt. Rursus intendit cutem
Maiore nisu et simili quaesivit modo,
Quis maior esset. Illi dixerunt bovem.
Novissime indignata dum vult validius
Inflare sese, rupto iacuit corpore.

---

1 **rana**: Frosch – **pratum**: Wiese – **magnus**: statt *magna* – **decentia**: wie *decus, decoris* n. – **magnificentia**: Subst. zu *magnificus* – **si**: h. wie *utinam* –
4 **intumescere,** *-tumui*: sich aufblähen – **inflari**: sich aufblasen
6 **in tantum . . . quod**: wie *tantopere ut* (m. Konj.) – **crepare**: h. (mit einem Knall) platzen – **episcopus**: Bischof – **abbas, abbatis**: Abt – **archidiacon**: „oberster Diener“, Gehilfe und Vertreter des Bischofs – **pompa**: vgl. Pomp – **qualiter**: Adv. zu *qualis, -e*

1 **inops**: zu *inopia* – **pratum**: Wiese – **rana**: Frosch – **invidia**: h. m. Gen. obiectivus – **rugosus**: runzlig – **inflare**: aufblasen
6 **cutis, -is** f.: Haut – **nisus, -us** m: Subst. zu *niti* – **novissime**: h. Adv. der Zeit: schließlich, zuletzt

5. Der Bischof und der Hund (Poggio, Facetiae)

Der aus Terranuova bei Florenz stammende Gian Francesco Poggio di Guccio Bracciolini (1380–1459) war u. a. Sekretär der päpstlichen Kurie, der zentralen Verwaltungsbehörde des Papstes in Rom, und in seinen letzten Lebensjahren Kanzler von Florenz. Von seinen schriftstellerischen Werken sind u. a. Briefe, Dialoge und theologisch-philosophische Abhandlungen erhalten. Am berühmtesten ist sein **Liber facetiarum,** eine Sammlung satirisch-witziger Kurzerzählungen über menschliche Schwächen und Eigenheiten, aus der die folgenden Texte entnommen sind. Poggio ist mit seinem Liber facetiarum zum Schöpfer der literarischen Gattung der Fazetie geworden. Diese ist besonders von den Humanisten der Renaissance weiter gepflegt worden, z. B. von Heinrich Bebel, der 1508–1512 drei Bände Facetiae herausgab, und von Erasmus in seinen Colloquia von 1524. Ein Beispiel für das „Nachleben" der Fazetien des Poggio ist Conrad Ferdinand Meyers (1825–1898) Novelle „Plautus im Nonnenkloster". Bei C. F. Meyer ist Poggio der heitere Erzähler der Handlung, der die Absicht hat, während des Konzils zu Konstanz (1414–1418) in einem Nonnenkloster eine kostbare Plautus-Handschrift zu erwerben, und dabei in menschliche Verwicklungen gerät, bei deren Lösung er tatkräftig mithilft.

Erat sacerdos in Tuscia quidam rusticanus, sed opulentus admodum. Hic caniculum sibi carum, cum mortuus esset, sepelivit in caemiterio. Sensit hoc episcopus et in eius pecuniam animum intendens sacerdotem veluti maximi criminis reum ad se puniendum vocat. Sacerdos, qui animum episcopi satis noverat, quinquaginta aureos secum deferens ad episcopum devenit, qui sepulturam canis graviter accusans iussit ad carceres sacerdotem duci. Hic vir sagax „O pater", inquit, „si nosceres, qua prudentia caniculus fuit, non mirareris, si sepulturam inter homines meruit; fuit enim plus quam ingenio humano, tum in vita, tum praecipue in morte." – „Quidnam hoc est?" ait episcopus. – „Testamentum" inquit sacerdos „in fine vitae condens, sciensque egestatem tuam, tibi quinquaginta aureos ex testamento reliquit, quos mecum tuli." Tum episcopus et testamentum et sepulturam comprobans accepta pecunia sacerdotem absolvit.

---

1 **Tuscia**: die Toscana, Landschaft in Mittelitalien – **rusticanus**: Adj. zu *rusticus* – **caniculus**: Deminut. zu *canis* – **sepelire**: bestatten – **caemiterium**: Friedhof – **episcopus**: Bischof – **animum intendere in**: Interesse haben an – **puniendum**: wie *ut eum puniret*

6 **aureus**: zu *aurum* – **devenire**: wie *venire* – **sepultura**: Subst. zu *sepelire* – **sagax**: schlau – **qua prudentia**: Abl. qualitatis

10 **ingenio humano**: Abl. qualitatis bei *esse* – **praecipue** (Adv.): besonders – **testamentum condere**: ein T. machen – **comprobare**: wie *probare*

6. Das gestohlene Schwein

(Poggio, Facetiae)

(vgl. Einführung zu Text 5)

Mos erat in oppido quodam Piceni, ut, qui hieme porcum occidisset, viciniam ad cenam invitaret. Quidam, quo pacto eam impensam vitaret, compatrem consuluit. „Dic“ inquit ille „cras porcum tibi hac nocte furto ablatum.“ Et simul, nihil tale illo verente, quidam clam porcum nocte subripuit. Mane conspiciens sibi porcum ablatum ad compatrem profectus alta voce querebatur porcum sibi furto subreptum. Tum alter „Recte, compater mi, sapis“, inquit, „ita enim te docui locuturum.“ Cum ille saepius et per deos omnes iuraret id verum esse, „Bene agis“ respondebat „et secundum consilium meum.“ Cum ille iuramento iteraret, „hoc modo te loqui debere antea monui“ respondebat „et sanum consilium dedi.“ Tandem elusus abiit.

7. Der gebratene Schwan

(Carmina Burana 130)

Die „Lieder aus Benediktbeuren“, benannt nach ihrem Fundort, dem Kloster Benediktbeuren, sind im 12. und 13. Jahrhundert entstanden. Das erst 1803 entdeckte Manuskript des Textes befindet sich heute in der Bayerischen Staatsbibliothek München. Die Sammlung besteht aus überwiegend lateinischen, aber auch mittelhochdeutschen und lateinisch-deutschen Gedichten, Trink-, Tanz- und Liebesliedern. Carl Orff hat eine kleine Auswahl vertont.

1. Olim lacus colueram,
Olim pulcher exstiteram,
Dum cygnus ego fueram.
  Miser, miser!
  Modo niger
  Et ustus fortiter.

2. Eram nive candidior,
Quavis ave formosior,
Modo sum corvo nigrior.
  Miser, miser!
  Modo niger
  Et ustus fortiter.

---

1 **Picenum**: Landschaft an der mittelitalienischen Adria – **porcus**: Schwein – **vicinia**: Subst. zu *vicinus* – **quo pacto**: wie *quomodo* – **impensa**: Aufwand – **compater**: Pate – **furtum**: Diebstahl – **illo**: gemeint ist *quidam* (Z. 2)

5 **subripere,** *-io, -ui, -reptum*: wie *rapere* – **recte . . . sapere**: h. ein kluger Kopf sein – **locuturum**: erg. *esse*

10 **iuramentum**: zu *iurare* – **iterare**: vgl. *iterum* – **eludere,** *-o, elusi, elusum* (vgl. *ludere*): verspotten

1. **cygnus**: Schwan – **exstiteram**: wie *eram* – **modo**: h. jetzt
2. **nive**: Abl. comparat. – **formosus**: Adj. zu *forma* – **corvus**: Rabe

3. Gyrat, regyrat garcifer;
Me rogus urit fortiter,
Propinat me nunc dapifer.
Miser, miser!
Modo niger
Et ustus fortiter.

4. Mallem in aquis vivere
Nudo semper sub aëre
Quam in hoc mergi pipere.
Miser, miser!
Modo niger
Et ustus fortiter.

5. Nunc in scutella iaceo
Et volitare nequeo,
Dentes frendentes video.
Miser, miser!
Modo niger
Et ustus fortiter.

8. Die Schäferin

(Carmina Burana 90)

(vgl. Einführung zu Text 7)

1. Exiit diluculo
rustica puella
cum grege, cum baculo,
cum lana novella.

2. Sunt in grege parvulo
ovis et asella,
vitula cum vitulo,
caper et capella.

3. Conspexit in caespite
scolarem sedere:
„Quid tu facis, domine?
Veni mecum ludere!“

---

3. **gyrare**: drehen – **regyrare**: weiterdrehen – **garcifer**: Koch – **rogus**: h. Feuer – **propinare**: auftischen – **dapifer**: Servierer
4. **nudus**: h. rein, frisch – **piper, -eris** n.: Pfeffer, -soße
5. **scutella**: Schüssel – **volitare**: verbum frequent. zu *volare* – **frendere**: knirschen

1. **diluculo** *(lux)* Abl. temporis: im Morgengrauen – **lana**: h. Wollkleid
2. **parvulus**: Deminut. zu *parvus* – **asella** f.: zu *asinus* – **vitula**: junge Kuh – **vitulus** m.: zu *vitula* – **caper**: Ziegenbock – **capella** f.: zu *caper*
3. **caespes, caespitis** m.: Wiese – **scolaris**: *qui venit in scholam* (hier wohl eher der Student)

9. Der böse Wolf (Carmina Burana 157)

(vgl. Einführung zu Text 7)

1. Lucis orto sidere
exit virgo propere
facie vernali,
oves iussa regere
baculo pastorali.

2. Sol effundens radium
dat calorem nimium:
virgo speciosa
solem vitat noxium
sub arbore frondosa.

3. Dum procedo paululum,
linguae solvo vinculum:
„Salve rege digna,
audi quaeso servulum,
esto mihi benigna!“

4. „Cur salutas virginem,
quae non novit hominem,
ex quo fuit nata?
Sciat deus, neminem
inveni per haec prata.“

5. Forte lupus aderat,
quem fames expulerat
gutturis avari;
ove rapta properat
cupiens saturari.

6. Dum puella cerneret,
quod sic ovem perderet,
pleno clamat ore:
„Si quis ovem redderet,
me gaudeat uxore.“

7. Mox ut vocem audio,
denudato gladio
lupus immolatur;
ovis ab exitio
redempta reportatur.

---

1. **lucis . . . sidus**: wie *sol* – **propere**: Adv. zu *properare* – **vernalis, -e**: Adj. zu *ver, veris* n. – **iussa** bezieht sich auf *virgo* („weil ihr befohlen worden war . . .“) – **baculo**: lies *„bac'lo“* – **pastoralis, -e**: zu *pastor*
2. **effundere** (vgl. *effusus*): ausgießen – **speciosus**: zu *species* – **noxius**: Adj. zu *nocere* – **frondosus**: Adj. zu *frons, frondis* f.
3. **paululum**: wie paulum – **servulus**: Deminut. zu *servus*
4. **pratum**: Wiese
5. **guttur, gutturis** n.: Schlund – **cupiens**: lies *„cupjens“* (zweisilbig) – **saturari**: sich sättigen
6. **quod**: h. daß (statt A.c.i.) – **uxore**: Prädikativum zu *me*
7. **denudato gladio**: wie *stricto gladio* – **redimere,** *-o, -emi, -emptus*: h. retten

10. Der Winter ist zu Ende (Carmina Burana 138)

(vgl. Einführung zu Text 7)

1. Veris laeta facies mundo propinatur.
Hiemalis acies victa iam fugatur.
In vestitu vario Flora principatur,
nemorum dulcisono quae cantu celebratur.

2. Florae fusus gremio Phoebus novo more
risum dat; hoc vario iam stipatur flore.
Zephyrus nectareo spirans it odore.
Certatim pro bravio curramus in amore.

3. Cytharizat cantico dulcis philomena,
flore rident vario prata iam serena,
salit coetus avium silvae per amoena,
chorus promit virginum iam gaudia millena.

---

1. **propinare**: h. wie *donare* – **hiemalis, -e**: Adj. zu *hiems* – **vestitus, -us**: zu *vestire* – **Flora**: Göttin des Frühlings – **principari**: zu *princeps* – **nemus, nemoris** n.: Wald – **dulcisonus**: aus *dulcis* und *sonare* – **cantus, -us**: zu *cantare*
2. **fusus gremio**: in den Schoß . . . geschmiegt – **Phoebus**: Sonnengott – **risum dare**: h. Lachen erregen – **hoc**: gemeint ist *gremium Florae* – **stipari**: umfächelt werden – **Zephyrus**: Westwind – **nectareus . . . odor**: Blütenduft – **spirare**: h. leise wehen – **it**: h. wie *venit* – **certatim** (zu *certare*) Adv.: um die Wette – **bravium**: Kampfpreis
3. **cytharizare cantico**: ein Lied spielen – **philomena**: Nachtigall – **pratum**: Wiese – **coetus**: h. Schwarm – **amoena, -orum**: die lieblichen Gefilde – **millenus**: zu *mille*

2. Teil

1. Boten des Frühlings

(Carmina Burana 74)

(vgl. Einführung zu Text 7 in Teil 1)

1. Laetabundus rediit
   avium concentus,
ver iucundum prodiit,
   gaudeat iuventus,
nova ferens gaudia;
modo vernant omnia,
   Phoebus serenatur,
redolens temperiem
novo flore faciem
   Flora renovatur.

2. Risu Iovis pellitur
   torpor hiemalis,
altius extollitur
   cursus aestivalis
solis beneficio,
qui sublato bravio
   recipit teporem.
Sic ad instar temporis
nostri Venus pectoris
   reficit ardorem.

3. Aestivantur Dryades
   colle sub umbroso,
prodeunt Oreades
   coetu glorioso,
Satyrorum contio
psallit cum tripudio
   Tempe per amoena;
his alludens concinit,
cum iucundi meminit
   veris, philomena.

---

1. **laetabundus**: wie *laetus* – **concentus, -us**: zu *canere* – **vernare**: blühen – **Phoebus**: Sonnengott – **serenari**: zu *serenus* – **redolere temperiem**: laue Luft verströmen – **Flora**: Göttin des Frühlings – **renovari**: wie *renovare* zu *novus*
2. **risus, -us**: zu *ridere* – **torpor, -oris**: zu *torpere* – **hiemalis, -e**: zu *hiems* – **extollere**: wie *tollere* – **cursus aestivalis**: Lauf des Sommers – **bravium**: Siegespreis – **tepor, -oris**: Wärme – **ad instar** (m. Gen.): in Einklang mit – **Venus**: Göttin der Liebe
3. **aestivari** (zu *aestas*): den Sommer verbringen – **Dryades**: Baumnymphen – **umbrosus**: Adj. zu *umbra* – **Oreades**: Bergnymphen – **coetus, -us**: h. Versammlung – **gloriosus**: Adj. zu *gloria* – **coetu glorioso**: Abl. modi – **Satyrus**: Satyr, Naturgottheit von bocksähnlicher Gestalt – **psallere**: vgl. Psalter, Psalm – **tripudium**: Jubel – **Tempe** (Nom. u. Akk. Pl.): schönes Tal in Thessalien (Griechenland) – **amoenus**: lieblich – **alludere** *(ludere)*: mitspielen – **concinere**: aus *cum* und *canere* – **philomena:** Nachtigall

4. Aestas ab exilio
redit exoptata,
picto redit gremio
tellus purpurata,
miti cum susurrio
suo domicilio
gryllus delectatur;
haec canore, iubilo,
multiformi sibilo
nemus gloriatur.

5. Applaudamus igitur
rerum novitati.
Felix qui diligitur,
voti compos grati,
dono laetus Veneris,
cuius ara teneris
floribus odorat.
Miser e contrario,
qui sublato bravio
sine spe laborat.

2. Die Klage des Mädchens (Carmina Cantabrigiensia 40)

Die *Carmina Cantabrigiensia,* die Lieder aus Cambridge, sind im 11. Jahrhundert entstanden und in einer Cambridger Handschrift überliefert. Sie bestehen aus geistlichen und weltlichen Liedern, wie sie vor allem in Deutschland und Frankreich von Spielleuten vorgetragen wurden.

1. Levis exsurgit zephyrus
et sol procedit tepidus;
iam terra sinus aperit,
dulcore suo diffluit.

2. Ver purpuratum exiit,
ornatus suos induit,
aspergit terram floribus,
ligna silvarum frondibus.

3. Struunt lustra quadrupedes
et dulces nidos volucres;
inter ligna florentia
sua decantant gaudia.

4. Quod oculis dum video
et auribus dum audio,
heu, pro tantis gaudiis
tantis inflor suspiriis.

---

4. **exoptatus**: wie *optatus* – **purpuratus**: purpurfarben – **susurrium**: das Zirpen – **domicilium**: vgl. Domizil – **gryllus**: Grille – **canor, -oris**: zu *canere* – **iubilum**: das Jubeln – **multiformis, -e**: aus *multi* und *forma* – **sibilus**: das Pfeifen – **nemus, nemoris** n.: Wald – **haec gloriari**: sich dessen rühmen; Subj. zu *haec . . . gloriatur* ist *nemus*
5. **applaudere** (m. Dat.): Beifall klatschen – **novitas, -atis** f.: zu novus – **votum**: h. konkret das Gewünschte; was jmd. sich wünscht – **compos** (m. Gen.): im Besitz von – **odorare**: zu *odor* – **e contrario**: dagegen – **bravium**: Siegespreis

1. **exsurgere**: wie *surgere* – **zephyrus**: Westwind – **tepidus**: warm – **dulcor, -oris** m.: zu *dulcis* – **diffluere** (m. Abl.): überfließen von
2. **purpuratus**: purpurfarben – **aspergere**: besprengen
3. **lustrum**: Lager – **quadrupedes**: die Vierfüßler – **nidus**: Nest – **volucris, -is** f.: Vogel – **decantare**: wie *cantare*
4. **quod**: bezieht sich zusammenfassend auf das bisher Geschilderte – **heu**: ach – **pro** (m. Abl.): h. angesichts – **tantis inflari suspiriis**: vor lauter Seufzen vergehen

5. Cum mihi sola sedeo
et haec revolvens palleo,
si forte caput sublevo,
nec audio nec video.

6. Tu saltim veris gratia
exaudi et considera
frondes, flores et gramina,
nam mea languet anima.

3. Georg, der Drachentöter (Jacobus de Voragine, Legenda aurea 58)

Die *Legenda aurea* ist eine im Mittelalter weit verbreitete und berühmte (daher: *aurea*) Sammlung von Heiligenlegenden *(legenda sanctorum)*. Sie stellt eine Gesamtschau des Kirchenjahres dar, das von der Adventszeit bis zum Pfingstkreis reicht. Zwischen den großen christlichen Festtagen stehen die Gedenktage für Maria und die Heiligen, von denen die meisten aus den ersten vier Jahrhunderten stammen und als Märtyrer ihren Glauben bezeugt und bewiesen haben. Jacobus wurde zwischen 1228 und 1230 in Varazze (Varago oder Vorago) bei Genua geboren, war Dominikanermönch wie sein Zeitgenosse Thomas von Aquin und wirkte von 1292 bis zu seinem Tode 1298 als Erzbischof von Genua. Außer der *Legenda aurea* hat Jacobus u. a. eine Chronik der Stadt Genua und eine Predigtsammlung herausgegeben.

1. Georgius, tribunus genere Cappadocum, pervenit quadam vice in provinciam Libyae in civitatem, quae dicitur Silena. Iuxta quam civitatem erat stagnum instar maris, in quo draco pestifer latitabat, qui saepe populum contra se armatum in fugam converterat flatuque suo ad muros civitatis accedens omnes inficiebat. Quapropter compulsi cives duas oves quotidie sibi dabant, ut eius furorem sedarent; alioquin sic muros civitatis invadebat et aerem inficiebat, quod plurimi interibant. Cum ergo iam oves paene deficerent, maxime cum harum copiam habere non possent, inito consilio ovem cum adiuncto homine tribuebant.

---

5. **mihi**: h. wie *me* – **revolvere**: bedenken – **pallere**: blaß sein

6. **saltim**: endlich – **exaudire**: wie *audire* – **considerare**: h. betrachten – **gramen, -inis** n.: Gras – **languere**: krank sein

1 **tribunus**: röm. Offizier – **Cappadox, -ocis**: Einwohner von Kappadokien, einer röm. Provinz in Kleinasien – **quadam vice**: eines Tages – **Libya**: der im Altertum bekannte Teil des nördlichen Afrika – **civitas, -atis** f.: h. Stadt – **instar** (m. Gen.): so groß wie – **draco, -onis** m.: Seeungeheuer – **pestifer**: aus *pestis* und *ferre* – **latitare**: wie *latere*

4 **flatus, -us**: h. Gifthauch – **inficere**: h. vergiften – **quapropter**: wie *propterea* – **compellere**: wie *impellere* – **quotidie**: wie *cottidie* – **sibi**: wie *ei* – **alioquin**: andernfalls – **quod**: h. wie *ut* m. Konj.

10 **adiunctus**: h. angebunden – **tribuere**: h. als Tribut liefern

2. Cum igitur sorte omnium filii et filiae hominum darentur et sors neminem exciperet et iam paene omnes filii et filiae essent consumpti, quadam vice filia regis unica sorte est deprehensa et draconi adiudicata. Tunc rex contristatus ait: „Tollite aurum et argentum et dimidium regni mei et filiam mihi dimittite, ne taliter moriatur." Cui populus cum furore respondit: „Tu, o rex, hoc edictum fecisti et nunc omnes pueri nostri mortui sunt et tu vis filiam tuam salvare? Nisi in filia tua compleveris, quod in aliis ordinasti, succendemus te et domum tuam." Quod rex audiens coepit filiam suam flere dicens: „Heu me, filia mea dulcissima, quid de te faciam? Aut quid dicam? Quando plus videbo nuptias tuas?" Et conversus ad populum dixit: „Oro, ut indutias octo dierum lugendi mihi filiam tribuatis." Quod cum populus admisisset, in fine octo dierum reversus populus est cum furore dicens: „Quare perdis populum tuum propter filiam tuam? En omnes afflatu draconis morimur." Tunc rex videns, quod non posset filiam liberare, induit eam vestibus regalibus et amplexatus eam cum lacrimis dixit: „Heu me, filia mea dulcissima, de te filios in regali gremio nutrire credebam et nunc vadis, ut a dracone devoreris. Heu me, filia mea dulcissima, sperabam ad nuptias tuas principes invitare, palatium margaritis ornare, tympana et organa audire, et nunc vadis, ut a dracone devoreris." Et deosculans dimisit eam dicens: „Utinam, filia mea, ego ante te mortuus essem, quam te sic amisissem!" Tunc illa procidit ad pedes patris petens ab eo benedictionem suam. Quam cum pater cum lacrimis benedixisset, ad lacum processit.

3. Quam beatus Georgius casu inde transiens ut plorantem vidit, eam, quid haberet, interrogavit. Et illa: „Bone iuvenis, velociter equum adscende et fuge, ne mecum pariter moriaris." Cui Georgius: „Noli timere, filia, sed dic mihi, quid hic praestolaris omni

---

14 **adiudicare**: zusprechen – **contristatus**: wie *tristis* –
taliter: Adv. zu *talis* – **cum furore**: wie *furens* – **salvare**: wie *servare* – **ordinare**: anordnen – **succendere**: wie *accendere*

21 **quando plus**: wann jemals – **nuptiae** (zu *nubere*): Hochzeit – **indutiae**: h. Frist

25 **en**: siehe doch – **afflatus, -us**: Gifthauch – **videre**: h. mit *quod* – **regalis, -e**: zu *rex* – **amplexari**: umarmen – **de te filios**: wie *filios a te genitos* – **nutrire**: h. aufziehen – **devorare**: verschlingen

30 **palatium**: Palast – **margarita**: Perle – **tympanum**: Tamburin – **organum**: Flöte – **deosculari**: küssen – **procidere**: zu *cadere* – **benedictio, -ionis** f. (aus *bene* und *dicere*): Segen – **suam**: wie *eius*

36 **beatus**: h. heilig – **transire**: h. vorbeikommen – **plorare**: wie *flere* – **adscendere**: wie *ascendere* – **praestolari**:erwarten

plebe spectante?“ Et illa: „Ut video, bone iuvenis, magnifici cordis es tu, sed mecum mori desideras? Fuge velociter.“ Cui Georgius: „Hinc ego non discedam, donec mihi, quid habeas, intimabis.“ Cum ergo totum sibi exposuisset, ait Georgius: „Filia, noli timere, quia in Christi nomine te iuvabo.“ Et illa: „Bone miles, mecum non pereas! Sufficit enim, si sola peream, nam me liberare non posses et tu mecum perires.“ Dum haec loquerentur, ecce draco veniens caput de lacu levavit. Tunc puella tremefacta dixit: „Fuge, bone domine, fuge velociter.“ Tunc Georgius equum adscendens et cruce se muniens draconem contra se advenientem audaciter aggreditur et lanceam fortiter vibrans et se Deo commendans ipsum graviter vulneravit et ad terram deiecit dixitque puellae: „Proice zonam tuam in collum draconis nihil dubitans, filia.“ Quod cum fecisset, sequebatur eam velut mansuetissima canis.

4. Cum ergo eum in civitatem duceret, populi hoc videntes per montes et foveas fugere coeperunt dicentes: „Vae nobis, quia iam omnes peribimus.“ Tunc beatus Georgius innuit iis dicens: „Nolite timere, ad hoc enim me misit Dominus ad vos, ut a poenis vos liberarem draconis; tantummodo in Christum credite et unusquisque vestrum baptizetur et draconem istum occidam.“ Tunc rex et omnes populi baptizati sunt, beatus autem Georgius evaginato gladio draconem occidit et ipsum extra civitatem efferri praecepit. Tunc quattuor paria boum ipsum in magnum campum foras duxerunt. Baptizati autem sunt in illa die viginti milia exceptis parvulis et mulieribus, rex autem in honorem beatae Mariae et beati Georgii ecclesiam mirae magnitudinis construxit, de cuius altari fons vivus emanat, cuius potus omnes languidos sanat. Rex vero infinitam pecuniam beato Georgio obtulit, quam ille recipere nolens pauperibus dari praecepit.

---

40 **magnifici cordis**: Gen. qualitatis – **intimare** (vgl. intim): mitteilen – **sibi**: wie *ei*

47 **tremefactus**: wie *trepidans*

50 **lancea**: Lanze – **vibrare**: schleudern – **se commendare**: sich anvertrauen – **ipsum**: wie *eum (draconem)* – **zona**: Gürtel – **sequebatur**: Subj. ist *draco* – **mansuetus**: zahm

55 **fovea**: Höhle – **vae**: wehe – **innuere**: zuwinken – **tantummodo**: nur – **baptizare**: taufen

60 **populi**: h. Leute – **evaginato**: wie *stricto*

65 **ecclesia**: Kirche – **altar, -is** n.: Altar – **emanare**: herausfließen – **potus, -us** m.: Trunk

4. Hieronymus

(Jacobus de Voragine, Legenda aurea 146)

(vgl. Einführung zu Text 3)

Der christliche Theologe Hieronymus (348–420) war einer der gelehrtesten Kirchenväter. Seine größte Leistung bestand in der Übersetzung der Bibel ins Lateinische (*Vulgata*). Er ist von vielen bedeutenden Künstlern dargestellt worden (u. a. von Dürer, Cranach, Rembrandt). Fast immer erscheint auf seinen Bildern der Löwe, dem er einen Dorn aus der Tatze gezogen hatte.

1. Quadam die advesperascente cum Hieronymus cum fratribus ad sacram lectionem audiendam sederet, subito leo quidam claudicans monasterium ingressus est. Quo viso cum ceteri fratres fugerent, Hieronymus ei quasi hospiti obviavit. Leo igitur dum pedem sibi laesum ostenderet, vocatis fratribus pedes sibi praecepit ablui et diligenter eius plagam inquiri. Quod cum factum fuisset, invenerunt leonis plantam a sentibus vulneratam. Adhibita igitur diligenti cura leo convaluit et omni feritate deposita inter eos quasi domesticum animal habitavit. Tunc Hieronymus videns, quod non tam pro sanitate sui pedis quam pro eorum utilitate Dominus leonem misisset, de fratrum consilio eidem hoc iniunxit officium, ut asinum, quem habebant, qui ligna de nemore deferebat, ipse leo ad pascua duceret et ductum ibidem custodiret. Quod factum est. Nam iniuncta leoni asini cura more pastoris industrii eundo ad pastum socius incessanter itineris undecumque defensor tutissimus erat; verumtamen ut se cibaret et asinus solitum perficeret opus, consuetis semper horis cum eo domum redibat.

2. Quadam igitur vice pascente asino et leone graviter soporato mercatores cum camelis inde transeuntes asinum solum viderunt et eum quantocius rapuerunt. Expergefactus igitur leo cum socium

---

1 **advesperascere** (zu *vesper*): sich zum Abend neigen – **lectio, -ionis** f.: zu *legere* – **claudicare**: hinken – **monasterium**: Kloster – **obviare** (vgl. *obvius, obviam*): entgegentreten – **sibi**: wie *ei* – **abluere**: abwaschen – **plaga**: Wunde

7 **planta**: Sohle – **sentis, -is** m: Dorn – **feritas, -atis** f.: zu *ferus* – **domesticus** (zu *domus*): zahm – **quod**: h. daß (statt A.c.i.) – **sanitas, -atis** f.: zu *sanus* – **de . . . consilio**: auf Anraten – **iniungere,** *-o, -iunxi, -iunctum*: auferlegen

12 **nemus, nemoris** n.: Wald – **pascua, -orum**: Weide – **ibidem**: wie *ibi* – **industrius**: Adj. zu *industria* – **pastus, -us**: Weide – **incessanter**: stets – **undecumque**: überall – **defensor, -oris**: nomen agentis zu *defendere* – **verumtamen**: doch – **se cibare**: sich sättigen – **consuetus**: gewohnt

18 **quadam vice**: eines Tages – **soporatus**: eingeschlafen – **camelus**: Kamel – **quantocius**: so schnell wie möglich – **expergefactus**: aufgewacht

non inveniret, rugiendo huc illucque ibat. Quem tandem non inveniens ad portas monasterii tristis adiit et intus, ut solitus erat, prae verecundia ingredi non praesumpsit. Et videntes fratres, quod tardius solito more et sine asino venisset, putaverunt, quod fame compulsus asinum comedisset, nolentesque ei annonam attribuere consuetam dicebant: „Vade et reliquam partem aselli, quae tibi remansit, mande et tuam ingluviem reple.“ Haesitantes tamen, utrum hoc malum perpetrasset, exierunt ad pascua, si forte aliquod indicium mortis invenirent, et nihil invenientes hoc Hieronymo rettulerunt.

3. Tunc monitis eius officium asini leoni iniungunt et ligna caedentes leoni imponunt. Quod cum leo patienter ferret, quadam die expleto opere agrum exiit, hac illaque discurrit scire desiderans, quid de suo fuisset socio factum. Et ecce vidit a longe negotiatores cum onustis camelis praecedente asino venientes. Mos enim illi regioni est, ut, quando cum camelis longius gradiuntur, cameli, ut directius vadant, praecedentem et collo funiculum gestantem asinum subsequantur. Recognito igitur leo asino cum ingenti rugitu super eos irruit et omnes homines in fugam convertit. Et leo terribiliter rugiens percutiebat cauda fortiter terram perterritosque camelos, sicut erant onusti, ante se ad cellam ire coegit. Quod cum fratres vidissent et Hieronymo nuntiassent, ille ait: „Hospitibus nostris, fratres carissimi, pedes abluite, escas praebete et super hoc voluntatem Domini exspectate.“ Tunc leo per monasterium coepit, ut solebat, laetus discurrere, singulorum fratrum vestigiis se prosternens et quasi de perpetrata, quam non fecerat, culpa cauda alludens

---

21 **rugire**: brüllen; *rugiendo*: wie Part. *rugiens*

23 **praesumere**: h. wagen – **quod**: h. statt A.c.i. – **compellere**: wie *impellere* – **comedere**: wie *edere* – **annona**: h. Futter – **attribuere**: wie *dare* – **consuetus**: Adj. zu *consuescere* – **asellus**: Deminut. zu *asinus* – **remanere**: aus *re-* und *manere* – **mandere**: verzehren – **ingluvies**: Rachen – **replere**: wie *implere* – **haesitare** (zu *haerere*): zweifeln

28 **perpetrare** (vgl. *impetrare*): h. ausführen – **monitum** (zu *monere*): h. Befehl – **iniungere** (zu *iungere*): h. aufbürden – **patiens**: Adj. zu *patientia* – **exire**: h. m. Akk. – **hac illaque**: hier und dort – **discurrere**: aus *dis-* und *currere*

34 **negotiator, -oris** (zu *negotium*): Kaufmann – **onustus** (zu *onus*): beladen – **gradi**: gehen – **directus** (vgl. direkt): geradeaus – **funiculus**: Seil – **gestare**: verbum intens. zu *gerere* – **recognoscere**: aus *re-* und *cognoscere* – **rugitus, -us**: Gebrüll

39 **irruere**: sich stürzen – **cauda**: Schwanz – **cella** (vgl. Zelle): Klause, Kloster – **abluere**: waschen – **esca**: Futter, Essen – **vestigium**: h. Fuß – **se prosternere**: sich werfen – **perpetratus**: begangen – **alludere**: h. wedeln

veniam postulabat. Hieronymus autem futurorum praescius ait fratribus: „Ite, fratres, et venientibus hospitibus necessaria praeparate.“ Adhuc eo loquente nuntius ad eum venit annuntians ante fores hospites adesse, qui abbatem vellent videre. Ad quos cum ille ivisset, protinus illi eius pedibus provolvuntur pro culpa veniam postulantes. Quos ille benigne elevans praecepit, ut sua reciperent et aliena non usurparent.

5. Die Flöhe des Franz von Assisi

(Jacobus de Voragine, Legenda aurea 149)

(vgl. Einführung zu Text 3)

Franz von Assisi (1182–1226) war der Sohn eines reichen Kaufmanns. Er hieß eigentlich Giovanni Bernardone. Sein Vater hatte ihm den Beinamen Francesco gegeben, weil er so gut Französisch konnte. Mit 24 Jahren zog er sich nach einer lebensfrohen Jugendzeit in die Einsamkeit zurück, widmete sich in freiwilliger Armut der Nächstenliebe und der Wiederherstellung von Kirchen. Im Jahre 1209 schöpfte er aus Matth. 10, 5 ff. seine Berufung zum Wanderprediger. Bald schlossen sich ihm Gefährten an, und er verfaßte eine von Papst Innozenz III. 1210 gutgeheißene Regel für das Zusammenleben seiner Bruderschaften. Am 17. 9. 1224 empfing er in mystischer Verzückung die Wundmale Christi (erste Stigmatisation der Kirchengeschichte). 1228, zwei Jahre nach seinem Tod, wurde er von Gregor IX. heiliggesprochen, am 18. 6. 1939 von Pius XII. zum Schutzheiligen Italiens erklärt. Berühmt war er unter anderem wegen seiner Einstellung zu den Tieren und wegen seiner Tierpredigten.

Beatus Franciscus columbina simplicitate plenus omnes creaturas ad creatoris hortatur amorem, praedicat avibus, auditur ab iis, tanguntur ab ipso nec nisi licentiate recedunt: hirundines, dum eo praedicante garrirent, ipso imperante protinus conticescunt. Apud

---

47 **praescius**: aus *prae* und *scire* – **praeparare**: vgl. präparieren – **annuntians**: wie *nuntians* – **abbas, abbatis**: Abt – **ivisset**: wie *isset* – **protinus** Adv.: sofort – **provolvi**: sich werfen – **elevare**: wie *sublevare* – **usurpare**: beanspruchen

1 **beatus**: h. heilig – **columbinus**: taubenhaft – **simplicitas, -atis** f.: Einfalt (als christliche Grundtugend) – **plenus**: h. m. Abl. – **creatura** u. **creator**: zu *creare* – **praedicare**: h. predigen – **licentiate** Adv. (zu *licet*): mit Erlaubnis – **hirundo, -inis** f.: Schwalbe – **garrire**: schwatzen, h. gurren – **conticescere** (zu *tacere*): verstummen

Portiunculam iuxta eius cellam cicada in ficu residens frequenter canebat. Quam vir Dei manum extendens vocavit dicens: soror mea, cicada, veni ad me! Quae statim oboediens super eius manum adscendit; cui ille: Canta, soror mea cicada, et dominum tuum lauda! Quae protinus canens non nisi licentiate recessit. Parcit lucernis, lampadibus et candelis, nolens sua manu deturpare fulgorem. Super petras reverenter ambulabat intuitu eius, qui dicitur petra legis divinae. Vermiculos, ne transeuntium pedibus conculcentur, levat, et apibus, ne inedia pereant glacie hiemali, mel et optima vina iubet apponi, fraterno nomine animalia cuncta vocabat. Miro et ineffabili gaudio replebatur ob creatoris amorem, cum solem, lunam, et stellas intuebatur, et eas ad creatoris amorem invitabat. Coronam sibi magnam fieri prohibebat dicens: Volo, quod fratres mei pulices partem habeant in capite meo.

---

5 **Portiuncula**: das Bethaus des hl. Franz – **cicada**: Grille – **ficus, -us**: Feigenbaum – **residens**: wie *sedens* – **extendere**: aus *ex* und *tendere* – **adscendit**: wie *ascendit* – **parcere** (m. Dat.): h. verzichten auf

10 **lucerna** (zu *lucere*): Leuchter – **lampas, -adis** f.: Fackel – **candela**: Kerze – **deturpare** (zu *turpis*): entstellen – **fulgor, -oris** m.: h. Licht des Mondes und der Sterne – **petra**: Fels – **reverenter** (zu *vereri*): mit Ehrfurcht – **intuitus, -us**: zu *intueri* – **petra legis divinae**: gemeint ist der hl. Petrus – **vermiculus**: Würmchen – **conculcare** : zertreten

13 **levare**: wie *sublevare* – **apis, -is** f.: Biene – **inedia**: Hunger – **glacies, -ei** f.: Kälte – **hiemalis, -e**: zu *hiems* – **apponere**: aus *ad* und *ponere* – **fraternus**: Adj. zu *frater*

15 **ineffabilis, -e**: unaussprechlich – **replere**: wie *implere* – **corona**: h. Tonsur (des Mönches) – **pulex, -icis** m.: Floh

6. Die Wölfin und der Schüler

(Caesarius von Heisterbach, Dialogus miraculorum 10, 64)

In seinem *Dialogus miraculorum* hat der aus Köln stammende Mönch Caesarius (1180–1240) ein Gespräch dargestellt, das ein Geistlicher mit einem jungen Mann führt, um diesen auf ein christliches Leben vorzubereiten. Seit 1199 gehört Caesarius dem Zisterzienserkloster Heisterbach bei Königswinter an. Er hat außer dem *Dialogus miraculorum* u. a. eine Lebensbeschreibung der hl. Elisabeth und des Kölner Erzbischofs Engelbert verfaßt.

Rettulit nobis Abba Daniel de lupa rem satis mirabilem: „In Carpania, inquit, ubi scholasticus eram, scholaribus die quadam licentiatum fuerat ire ad silvas. Qui in nemore lupae antrum reperientes, catulos omnes eiecerunt. Quorum pedes unus bipenni sua amputavit. Quibus recedentibus lupa rediit, et ut catulorum pedes praescisos vidit, recedentes insecuta solummodo eum, qui hoc egerat, nimium furens impetivit. Ille vero timens arborem ascendit. Quem cum insequi non posset, coepit unguibus circa radices fodere. Et cum sic non proficeret, alios lupos advocavit. Interim nuntiantibus scholaribus homines de villa cum gladiis, cuspitibus et baculis ei in auxilium venientes, lupos abegerunt, in medio sui illum ducentes. Lupis invitatis ad horam sequentibus et redeuntibus, illa sola perseveravit vindicare se tentans multis conatibus. Et cum essent proximi villae, lupa se periculo dans, in ultionem catulorum armatorum custodias irrupit et scholaris gulae insiliens protinus extinxit. Quae statim occisa est."

---

1 **abbas, abbatis**: Abt – **lupa** f.: zu *lupus* – **mirabilis, -e**: zu *mirari* – **Carpania**: die Ortschaft Kerpen bei Bergheim/Erft – **scholasticus** (zu *schola*): *qui in schola docet* – **scholaris, -is**: *qui in schola litteris studet* – **licentiare** (zu *licet*): erlauben – **nemus, -oris** n.: Wald – **antrum**: Höhle – **catulus**: Junges – **eicere**: aus *ex* und *iacere* – **bipennis, -is** f.: Doppelaxt

4 **amputare** (vgl. amputieren): h. abschlagen – **praescisus**: abgehackt – **solummodo**: nur – **impetere**: wie *impetum facere* – **unguis, -is**: Kralle – **villa**: h. Dorf – **cuspis, cuspitis** f.: Spieß

12 **invitatus**: h. aufgefordert (von der Wölfin) – **ad horam**: h. eine Zeitlang – **perseverare**: nicht nachlassen – **tentans**: wie *temptans* – **conatus, -us**: zu *conari* – **ultio, -ionis** f.: zu *ulcisci* – **gula**: Kehle – **insilire** (m. Dat.): springen an – **extinguere,** *-uo, -tinxi, -tinctum*: auslöschen, töten

7. Der Stier und der Löwe (Notker, Gesta Karoli Magni 2, 15)

Die *Gesta Karoli Magni* enthalten ein Lebensbild Karls des Großen, das durch viele Sagen und Anekdoten besondere Anschaulichkeit erhält. Das Werk wurde erst 43 Jahre nach Karls Tod verfaßt. Der Kaiser war inzwischen zu einem allgemein verehrten und idealisierten Helden geworden. Notker Balbulus (840–912) lebte und wirkte im Kloster St. Gallen. Er nannte sich selbst bescheiden *Monachus Sangallensis.* Den Beinamen *Balbulus,* der Stammler, erklärt man gewöhnlich mit einem Sprachfehler des Dichters. Er kann jedoch auch Ausdruck seiner Bescheidenheit sein: Er, der Mönch aus St. Gallen, sei kein großer Dichter oder Sänger; denn er bringe seine Worte nur „stammelnd“ hervor.

Comperto, quod primates exercitus eum clanculo despicientes carpere solerent, praecepit Pippinus adduci taurum magnitudine terribilem et animis indomabilem leonemque in illum dimitti. Qui impetu validissimo in eum irruens apprehensa cervice tauri proiecit in terram. Tunc rex dixit ad circumstantes: „Abstrahite leonem a tauro vel occidite eum super illum.“ Qui spectantes ad alterutrum congelatisque praecordiis pavefacti vix haec singultando musitare potuerunt: „Domine, non est homo sub caelo, qui hoc audeat attemptare.“ Quo ille confidentior exsurgens de throno et extracta spatha per cervicem leonis cervicem tauri divisit ab armis; et spatha in vaginam remissa, consedit in solio: „Videtur vobis“, inquiens, „utrum dominus vester esse possim? Non audistis, quid fecerit parvus David ingenti Goliath vel brevissimus Alexander procerissimis satellitibus suis?“ Tunc quasi tonitru perculsi ceciderunt in terram dicentes: „Quis nisi insaniens dominationem vestram mortalibus imperare detrectet?“

---

1 **comperto** (zu *comperire*), **quod**: nachdem er erfahren hatte, daß – **primates exercitus**: Heerführer – **clanculo**: wie *clam* – **taurus**: Stier – **indomabilis, -e**: zu *domare* – **irruere**: anstürmen – **apprehendere**: wie *comprehendere* – **apprehensa cervice tauri**: wie *apprehendit cervice* (am Nacken) *taurum*

6 **ad alterutrum**: einander – **congelatis praecordiis**: mit vor Furcht erstarrten Herzen – **pavefactus**: aus *pavor* und *facere* – **singultare**: röcheln – **musitare**: murmeln – **attemptare**: wie *temptare* – **confidentior**: Komparativ zu *confidens (confidere)* – **exsurgere**: wie *surgere*

10 **spatha**: Schwert – **armus**: Schulter – **vagina**: Scheide – **solium**: Thron – **inquiens**: wie *inquit* – **procerus**: hochgewachsen – **satelles, -itis**: Gefährte, Leibwächter – **tonitrus, -us**: Donner – **insaniens**: wie *insanus* – **dominatio, -ionis** f.: zu *dominus,* h. Hoheit – **detrectare**: verweigern

8. Die gefüllte Sau

(Petronius, Satyricon 49)

Der Text steht in dem Schelmenroman *Satyricon* von Titus Petronius Arbiter, der hohe Staatsämter bekleidete und am Hofe des Kaisers Nero als *elegantiae arbiter,* d. h. als Sachverständiger für guten Geschmack und anständiges Benehmen, wirkte. Wegen angeblicher Beteiligung an einer Verschwörung gegen den Kaiser wurde er im Jahre 66 zum Selbstmord gezwungen. – Das Kernstück des *Satyricon* ist die *Cena Trimalchionis,* das Gastmahl des Trimalchio, eines reichen Freigelassenen, der seine Gäste mit allerlei witzigen Überraschungen und amüsanten Geschichten zu unterhalten versucht.

1 Nondum efflaverat omnia, cum repositorium cum sue ingenti men-
2 sam occupavit. / Mirari nos celeritatem coepimus et iurare, ne
3 gallum quidem gallinaceum tam cito percoqui potuisse, / tanto
quidem magis, quod longe maior nobis porcus videbatur esse quam
paulo ante apparuerat. Deinde magis magisque Trimalchio intuens
4 eum / ‚quid? quid?' inquit ‚porcus hic non est exinteratus? Non
5 mehercules est. Voca, voca cocum in medio'. / Cum constitissed ad
mensam cocus tristis et diceret se oblitum esse exinterare, ‚quid?
oblitus?' Trimalchio exclamat ‚putes illum piper et cuminum non
6 coniecisse. Despolia'. / Non fit mora, despoliatur cocus atque inter
duos tortores maestus consistit. Deprecari tamen omnes coeperunt
et dicere: ‚solet fieri; rogamus, mittas; postea si fecerit, nemo no-
7 strum pro illo rogabit'. / Ego, crudelissimae severitatis, non potui
me tenere, sed inclinatus ad aurem Agamemnonis ‚plane' inquam
‚hic debet servus esse nequissimus; aliquis oblivisceretur porcum
exinterare? Non mehercules illi ignoscerem, si piscem praeteris-
8 set'. / At non Trimalchio, qui relaxato in hilaritatem vultu ‚ergo'

---

1 **efflare**: heraussprudeln (Subj. ist Trimalchio, der Gastgeber, der seine Gäste mit seinen Ausführungen über griechische Mythologie unterhalten hatte) – **repositorium**: Platte – **sus, suis** m./f.: Schwein – **celeritas, -atis** f.: zu *celer* – **gallus gallinaceus**: Gockelhahn – **percoquere**: gar kochen – **porcus**: Schwein – **exinterare**: ausnehmen – **mehercules**: beim Herkules – **cocus**: *qui coquit*

5 **exclamare**: wie *clamare* – **piper, -eris** n.: Pfeffer – **cuminum**: Kümmel – **despoliare**: ausziehen – **tortor** (zu *torquere*): Folterknecht – **deprecari**: wie *precari* – **mittere**: h. loslassen – **crudelissimae severitatis**: Gen. qualitatis – **severitas, -atis** f.: zu *severus* – **inclinatus**: hingeneigt – **Agamemnon**: ein Gast des Trimalchio – **nequissimus**: der größte Taugenichts – **relaxatus**: entspannt – **hilaritas, -atis** f.: Heiterkeit

inquit ‚quia tam malae memoriae es, palam nobis illum exin-
9 tera'. / Recepta cocus tunica cultrum arripuit porcique ventrem hinc
10 atque illinc timida manu secuit. / Nec mora, ex plagis ponderis
inclinatione crescentibus tomacula cum botulis effusa sunt.

9. Der Werwolf (Petronius, Satyricon 61,6–62,14)

(vgl. Einführung zu Text 8)

61,6 Cum adhuc servirem, habitabamus in vico angusto; nunc Gavillae
domus est. Ibi, quomodo dii volunt, amare coepi uxorem Terentii
coponis: noveratis Melissam Tarentinam, pulcherrimum baccibal-
7 lum. / Sed ego non mehercules corporaliter illam aut propter res
8 venerias curavi, sed magis quod benemoria fuit. / Si quid ab illa
petii, numquam mihi negatum; fecit assem, semissem habui; quic-
quid habui, in illius sinum demandavi, nec umquam fefellitus
9 sum. / Huius contubernalis ad villam supremum diem obiit. Itaque
per scutum per ocream egi aginavi, quemadmodum ad illam per-
62,1 venirem: scitis autem, in angustiis amici apparent. / Forte dominus
2 Capuae exierat ad scruta scita expedienda. / Nactus ego occasionem
persuadeo hospitem nostrum, ut mecum ad quintum miliarium
3 veniat. Erat autem miles, fortis tamquam Orcus. / Apoculamus nos
circa gallicinia, luna lucebat tamquam meridie. Venimus inter
4 monimenta: / Homo meus coepit ad stelas facere, sed ego pergo
5 cantabundus et stelas numero. / Deinde ut respexi ad comitem, ille

---

8 **palam** (m. Abl.): vor – **tunica**: h. Hemd – **culter, cultri**: Messer – **arripere**: aus *ad* und *rapere*

10 **plaga**: Stich – **inclinatio, -ionis** f.: h. Druck – **tomaculum**: Bratwurst – **botulus**: Blutwurst – **effundere,** *-o, -fudi, -fusum*: hervorstoßen

61,6 **servire**: h. als *servus* dienen – **vicus**: h. Gasse – **copo, -nis**: Gastwirt – **bacciballum**: Schnuckelchen – **mehercules**: beim Herkules – **corporaliter**: zu *corpus* – **venerarius** (zu *Venus*): erotisch – **benemoria** (aus *bene* und *morari*): umgängliches Wesen – **as, assis**: As (röm. Münzeinheit) – **semis, semissis**: halber As – **demandare**: ablegen – **fefellitus**: zu *fallere* – **contubernalis, -is**: Genosse – **per scutum . . . aginavi**: auf Biegen und Brechen habe ich mich abgestrampelt.

62,1 **Capuae**: statt *Capuam,* Stadt in Süditalien – **scruta scita**: Klimbim – **expedire**: h. absetzen – **miliarium**: Meilenstein – **Orcus**: Gott der Unterwelt – **apoculare**: sich davonmachen – **gallicinia**: aus *gallus* (Hahn) und *canere* – **monimentum** (zu *monere*): Grabmal – **stela**: Säule – **cantabundus**: wie *cantans*

exuit se et omnia vestimenta secundum viam posuit. Mihi anima
6 in naso esse, stabam tamquam mortuus. / At ille circumminxit
vestimenta sua, et subito lupus factus est. Nolite me iocari putare;
7 ut mentiar, nullius patrimonium tanti facio. / Sed, quod coeperam
dicere, postquam lupus factus est, ululare coepit et in silvas fugit.
8 Ego primitus nesciebam, ubi essem, deinde accessi, ut vestimenta
eius tollerem: illa autem lapidea facta sunt. Qui mori timore nisi
9 ego? / Gladium tamen strinxi et umbras cecidi, donec ad villam
10 amicae meae pervenirem. / In larvam intravi, paene animam ebul-
livi, sudor mihi per bifurcum volabat, oculi mortui, vix umquam
11 refectus sum. / Melissa mea mirari coepit, quod tam sero ambula-
rem, et „si ante“ inquit „venisses, saltem nobis adiutasses; lupus
enim villam intravit et omnia pecora laceravit: tamquam lanius
sanguinem illis misit. Nec tamen derisit, etiam si fugit; servus enim
12 noster lancea collum eius traiecit“. / Haec ut audivi, operire oculos
amplius non potui, sed luce clara maturius domum fugi tamquam
copo compilatus, et postquam veni in illum locum, in quo lapidea
13 vestimenta erant facta, nihil inveni nisi sanguinem. / Ut vero do-
mum veni, iacebat miles meus in lecto tamquam bovis, et collum
illius medicus curabat. Intellexi illum versipellem esse, nec postea
14 cum illo panem gustare potui, non si me occidisses. / Viderint alii,
quid de hoc exopinissent; ego si mentior, genios vestros iratos
habeam.

---

se exuere: sich ausziehen – **vestimentum**: wie *vestis* – **nasus**: Nase – **circummingere**: umpinkeln – **iocari**: zu *iocus* – **patrimonium**: Vermögen – **tanti facere, ut**: so hoch schätzen, daß – **ululare**: heulen – **primitus**: wie *primo* – **lapideus**: Adj. zu *lapis*

in larvam intrare: die Gestalt eines Gespenstes annehmen – **ebullire**: auskeuchen – **sudor, -oris** m.: Schweiß – **bifurcum**: Kreuz – **melissa**: Biene (Bezeichnung für die Frau) – **saltem**: wenigstens – **adiutare** (m. Dat.): wie *adiuvare* – **lanius**: Metzger – **mittere**: h. abzapfen – **deridere** (zu ridere): h. frohlocken – **lancea**: Lanze – **compilatus**: geprellt – **bovis**: h. Nom. Sg. für *bos, bovis* – **versipellis, -is**: eig. „Fellwechsler“, Werwolf – **gustare**: h. essen – **viderint**: für *videant* – **exopinissent**: für *exopinavissent; exopinare* glauben – **genius**: Schutzgeist

10. Das tote Hündchen

(Martial 1, 109)

Marcus Valerius Martialis, geb. 40 nach Chr. in Bilbilis (Spanien), gest. 102, lebte seit 64 in Rom und schrieb 15 Bücher mit Gedichten, die der literarischen Gattung des Epigramms angehören. „Epigramm" bedeutet eigentlich „Aufschrift" oder „Inschrift". Es besteht meist aus einem sehr kurzen Text mit hoher Aussagekraft. Martials Epigramme bringen nicht nur Gefühle und Empfindungen gegenüber anderen Menschen zum Ausdruck; sie wollen auch ungewöhnliches Verhalten hervorheben und manchmal lächerlich machen.

Issa est passere nequior Catulli,
Issa est purior osculo columbae,
Issa est blandior omnibus puellis,
Issa est carior Indicis lapillis,
Issa est deliciae catella Publi.
Hanc tu, si queritur, loqui putabis;
sentit tristitiamque gaudiumque.
Collo nixa cubat capitque somnos,
ut suspiria nulla sentiantur;
et desiderio coacta ventris
gutta pallia non fefellit ulla,
sed blando pede suscitat toroque
deponi monet et rogat levari.
Castae tantus inest pudor catellae,
ignorat Venerem; nec invenimus
dignum tam tenera virum puella.
Hanc ne lux rapiat suprema totam,
picta Publius exprimit tabella,
in qua tam similem videbis Issam,
ut sit tam similis sibi nec ipsa.
Issam denique pone cum tabella:
aut utramque putabis esse veram,
aut utramque putabis esse pictam.

---

1 **Issa**: Name einer Hündin – **passer, passeris**: Spatz – **nequior** (m. Abl. comparat.): schelmischer als – **Catullus**: der Dichter Catull (etwa 84–54 vor Chr.), der ein Gedicht auf einen *passer* verfaßte; Martial parodiert das Catull-Gedicht – **osculum**: Kuß – **columba**: Taube – **Indicus**: indisch – **lapillus**: Deminut. zu *lapis*

5 **catella**: Schoßhündchen – **tristitia**: Subst. zu *tristis* – **suspirium**: Atemzug

11 **gutta**: Tropfen – **pallium**: Decke – **fallere**, *-o, fefelli*: h. heimlich beschmutzen – **suscitare**: h. sich bemerkbar machen – **torus**: Lager – **castus**: keusch

18 **exprimere**: darstellen lassen – **tabella**: Bild

3. Teil

1. Morgengebet (Prudentius, Liber Cathemerinon, Nr. 1)

Der aus Spanien stammende christliche Schriftsteller Prudentius (348–405) war Zeitgenosse der Kirchenväter Augustinus, Hieronymus und Ambrosius. Bevor er zum Christentum bekehrt wurde, war er römischer Provinzstatthalter. Zu seinen Hauptwerken gehören eine Hymnensammlung mit dem Titel Cathemerinon (Tagzeitenbuch), Gedichte über das Leben von Märtyrern (Peristephanon) und die Psychomachia, die den inneren Kampf zwischen Tugenden und Lastern darstellt.

1. Ales, diei nuntius,
lucem propinquam praecinit:
nos excitator mentium
iam Christus ad vitam vocat.

2. „Auferte“, clamat, „lectulos
aegros, soporos, desides;
castique, recti ac sobrii
vigilate, iam sum proximus!

3. Post solis ortum fulgidi
serum est cubile spernere,
ni parte noctis addita
tempus labori adieceris.“

4. Vox ista, qua strepunt aves
stantes sub ipso culmine,
paulo ante quam lux emicet,
nostri figura est iudicis.

5. Tectos tenebris horridis
stratisque opertos segnibus
suadet quietem linquere
iam iamque venturo die,

6. Ut, cum coruscis flatibus
aurora caelum sparserit,
omnes labore exercitos
confirmet ad spem luminis.

7. Hic somnus ad tempus datus
est forma mortis perpetis;
peccata, ceu nox horrida,
cogunt iacere ac stertere;

8. Sed vox ab alto culmine
Christi docentis praemonet
adesse iam lucem prope,
ne mens sopori serviat,

---

1. **ales, alitis** m./f. (zu *ala*): der Geflügelte, Vogel – **praecinere**: aus *prae* und *canere* – **excitator, -oris** m.: *qui excitat,* h. Prädikativum
2. **lectulus**: Deminut. zu *lectus* – **soporus**: schlafbringend – **deses, desidis** Adj.: Faulheit fördernd – **castus**: rein – **sobrius**: nüchtern
3. **fulgidus**: Adj. zu *fulgere* – **cubile, -is** n.: zu *cubare* – **ni**: wie *nisi* – **tempus alicui adicere**: h. die Zeit für etwas verlängern
4. **strepere**: h. rufen – **emicare**: aufleuchten
5. **stratum** (zu *sternere, -o, stravi, stratum*): Decke – **segnis, -e**: träge (machend) – **linquere**: wie *relinquere* – **iam iamque**: im nächsten Augenblick – **venturo die**: Abl. abs.
6. **coruscus**: zitternd – **flatus, -us**: Hauch – **aurora**: Morgenröte
7. **forma**: h. Abbild – **perpes, perpetis**: wie *perpetuus* – **ceu**: wie – **stertere**: schnarchen
8. **praemonere**: aus *prae* und *monere* – **sopor, -oris** m.: wie *somnus*

9. Ne somnus usque ad terminos
vitae socordis opprimat
pectus sepultum crimine
et lucis oblitum suae.

10. Ferunt vagantes daemonas,
laetos tenebris noctium,
gallo canente exterritos
sparsim timere et cedere.

11. Invisa nam vicinitas
lucis, salutis, numinis
rupto tenebrarum situ
noctis fugat satellites.

12. Hoc esse signum praescii
norunt repromissae spei,
qua nos soporis liberi
speramus adventum Dei.

13. Quae vis sit huius alitis,
Salvator ostendit Petro,
ter, antequam gallus canat,
sese negandum praedicans.

14. Fit namque peccatum, prius
quam praeco lucis proximae
inlustret humanum genus
finemque peccandi ferat.

15. Flevit negator denique
ex ore prolapsum nefas,
cum mens maneret innocens
animusque servaret fidem.

16. Nec tale quidquam postea
linguae locutus lubrico est,
cantuque galli cognito
peccare iustus destitit.

17. Inde est, quod omnes credimus
illo quietis tempore,
quo gallus exultans canit,
Christum redisse ex inferis.

18. Tunc mortis oppressus vigor,
tunc lex subacta est tartari,
tunc vis diei fortior
noctem coegit cedere.

---

9. **terminus**: wie *finis* – **socors, socordis**: Adj. zu *socordia* – **sepelire,** *-io, -ivi, sepultum*: begraben
10. **ferunt**: wie *dicunt* – **daemonas**: griech. Akk. zu *daemon, -onis* Teufel – **exterrere**: wie *perterrere* – **sparsim** (zu *spargere*) Adv.: zerstreut
11. **vicinitas, -atis** f.: zu *vicinus* – **situs, -us**: Reglosigkeit – **satelles, satellitis**: Gefährte
12. **praescius**: aus *prae* und *scire* – **norunt**: wie *noverunt* – **repromissus**: wie *promissus* (zu *promittere*)
13. **Salvator** (zu *salvus*): Heiland – **gallus**: Hahn – **praedicare** (aus *prae* und *dicere*): voraussagen
14. **praeco, -onis** m.: Ausrufer, Herold – **inlustrare** (vgl. illustrieren): erleuchten
15. **negator**: *qui negat aliquid* – **prolabi**: zu *labi* – **cum**: kausal
16. **lubricum**: Schlüpfrigkeit, Unbeherrschtheit – **lubrico**: Abl. causae – **cantus, -us**: zu *cantare* – **iustus**: h. Prädikativum, Subj. ist *Petrus*
17. **exultans**: frohlockend
18. **vigor, -oris**: wie *vis* – **tartarus**: Unterwelt, Hölle

19. Iam iam quiescant improba,
iam culpa furva obdormiat,
iam noxa letalis suum
perpessa somnum marceat.

20. Vigil vicissim spiritus,
quodcumque restat temporis,
dum meta noctis clauditur,
stans ac laborans excubet.

21. Iesum ciamus vocibus
flentes, precantes, sobrii;
intenta supplicatio
dormire cor mundum vetat.

22. Sat convolutis artubus
sensum profunda oblivio
pressit, gravavit, obruit
vanis vagantem somniis.

23. Sunt nempe falsa et frivola,
quae mundiali gloria
ceu dormientes egimus:
vigilemus, hic est veritas.

24. Aurum, voluptas, gaudium,
opes, honores, prospera,
quaecumque nos inflant mala:
fit mane, nil sunt omnia.

25. Tu, Christe, somnum disice,
tu rumpe noctis vincula,
tu solve peccatum vetus
novumque lumen ingere!

---

19. **iam iam**: im nächsten Augenblick – **furvus**: finster – **obdormire**: wie *dormire* – **noxa letalis**: Todsünde – **perpeti,** *-ior, -pessus sum* (zu *pati*): erleiden – **marcere**: erlahmen
20. **vigil, vigilis** Adj.: *qui vigilat* – **vicissim**: statt dessen – **quodcumque . . . restat**: Obj. zu *excubet* (*excubare* bewachen) – **meta**: Bahn
21. **ciamus**: laßt uns rufen – **sobrius**: nüchtern – **supplicatio, -ionis** f.: wie *supplicium* das Flehen – **mundus**: rein
22. **sat**: wie *satis* – **convolvere,** *-o, volvi, -volutum*: einhüllen – **artubus**: zu *artus, -us* – **profundus**: tief – **oblivio, -ionis** f.: zu *oblivisci* – **gravare** (zu *gravis*): schwer machen
23. **nempe**: allerdings – **frivolus**: wertlos – **mundialis, -e**: Adj. zu *mundus* – **ceu**: wie
24. **inflare**: h. anstacheln – **fit mane**: es wird Tag
25. **disicere**: aus *dis-* und *iacere* – **ingerere** (zu *gerere*): h. bringen

2. Beim Hahnenschrei

(Ambrosius, ed. Langosch, Nr. 2)

Der Kirchenlehrer Ambrosius ist um 340 in Trier geboren. Er entstammte einem alten römischen Adelsgeschlecht, war hoher römischer Beamter und wurde 374 zum Bischof von Mailand gewählt. Seine schriftstellerische Arbeit stand vor allem im Dienst der Bibelauslegung. Seine Hymnen, die Urformen des christlichen Kirchenliedes, wurden im ganzen Mittelalter beim Stundengebet gesungen. Seine Predigten haben zu Augustinus' Bekehrung beigetragen.

1. Aeterne rerum conditor,
Noctem diemque qui regis
Et temporum das tempora,
Ut alleves fastidium:

2. Praeco diei iam sonat
Noctis profundae pervigil,
Nocturna lux viantibus,
A nocte noctem segregans.

3. Hoc excitatus lucifer
Solvit polum caligine,
Hoc omnis erronum cohors
Vias nocendi deserit.

4. Hoc nauta vires colligit
Pontique mitescunt freta,
Hoc ipsa petra ecclesiae
Canente culpam diluit.

5. Surgamus ergo strenue,
Gallus iacentes excitat
Et somnolentos increpat,
Gallus negantes arguit.

6. Gallo canente spes redit,
Aegris salus refunditur,
Mucro latronis conditur,
Lapsis fides revertitur.

7. Iesu, labantes respice
Et nos videndo corrige;
Si respicis, lapsus cadunt
Fletuque culpa solvitur.

8. Tu, lux, refulge sensibus
Mentisque somnum discute:
Te nostra vox primum sonet,
Et ora solvamus tibi.

---

1. **conditor**: *qui aliquid condit* – **allevare**: wie *sublevare*
2. **praeco, -onis**: Verkünder – **profundus**: tief – **pervigil**: Subst. zu *vigilare* – **viare** (zu *via*): wie *ambulare* – **segregare**: wie *separare*
3. **lucifer**: *qui lucem fert,* Morgenstern – **polus**: wie *caelum* – **caligo, -inis** f.: Finsternis; *caligine* Abl. separat. – **erro, -onis** m.: *qui per terras errat vel vagatur*
4. **pontus**: wie *mare* – **mitescere** (zu *mitis*): ruhig werden – **fretum**: Flut – **petra**: Fels – **ecclesia**: Kirche – **canente**: mit *hoc* Abl. abs. – **diluere**: h. hinter sich lassen
5. **gallus**: Hahn – **somnolentus**: wie *dormiens* – **increpare**: wie *excitare*
6. **refundere**: zurückgeben – **mucro, -onis** m.: Dolch – **lapsis**: Part. zu *labi, -or, lapsus sum*
7. **labari**: verbum intens. zu *labi* – **videndo**: wie *videns* – **lapsus, -us** m. (zu *labi*): h. Sünde – **fletus, -us**: zu *flere*
8. **refulgere**: aus *re-* und *fulgere* – **discutere**: h. zerstreuen – **sonare** (m. Akk.): h. besingen

3. Die Haubenlerche

(Gellius 2, 29, 3–20)

Die „Haubenlerche“ stammt aus dem Sammelwerk *Noctes Atticae,* das der um 130 nach Chr. geborene römische Schriftsteller Aulus Gellius während seines Aufenthaltes in Athen (Attika) verfaßt hat. Gellius hat in diesem Werk zahlreiche Themen aus verschiedensten Wissensgebieten, die zu seiner Zeit zur Allgemeinbildung gehörten, in unterhaltsamer Form vorgetragen.

3, 4 „Avicula“ inquit „est parva, nomen est cassita.“ Habitat nidulatur-
que in segetibus id ferme temporis, ut appetat messis pullis iam
5 plumantibus. Ea cassita in sementes forte congesserat tempestivio-
res: propterea frumentis flavescentibus pulli etiam tunc involucres
6 erant. Dum igitur ipsa iret cibum pullis quaesitum, monet eos, ut,
si quid ibi rei novae fieret dicereturve, animadverterent idque uti
7 sibi, ubi redisset, nuntiarent. Dominus postea segetum illarum fi-
lium adulescentem vocat et „videsne“ inquit „haec ematuruisse et
manus iam postulare? Idcirco die crastino, ubi primum diluculabit,
fac amicos eas et roges, veniant operamque mutuam dent et messim
8 hanc nobis adiuvent“. Haec ubi ille dixit, et discessit. Atque ubi
redit cassita, pulli tremibundi, trepiduli circumstrepere orareque
matrem, ut iam statim properet inque alium locum sese asportet:
„nam dominus“ inquiunt „misit, qui amicos roget, uti luce oriente
9 veniant et metant“. Mater iubet eos otioso animo esse: „si enim
dominus“ inquit „messim ad amicos reicit, crastino seges non me-
tetur neque necessum est, hodie uti vos auferam“. Die postero mater
10 in pabulum volat. Dominus, quos rogaverat, opperitur. Sol fervit,
11 et fit nihil; it dies, et amici nulli eunt. Tum ille rursum ad filium:
„amici isti magnam partem“ inquit „cessatores sunt. Quin potius

---

3 **avicula**: Deminut. zu *avis* – **cassita**: Haubenlerche – **nidulari**: nisten – **seges, segetis** f.: Kornfeld – **id ferme temporis**: etwa zu der Zeit – **appetere**: h. nahen – **messis, -is** f.: Ernte – **pullus**: Junges – **plumari**: flügge werden

5 **sementes . . . tempestiviores**: das schon reifere Korn – **congerere** (zu *gerere*): ihr Nest zusammentragen – **flavescere**: gelb werden – **involucer, -cris, -cre**: nicht flügge – **quaesitum**: Supinum I – **ematurescere,** *-ui*: zu *maturus* – **idcirco**: deshalb – **crastinus**: Adj. zu *cras* – **diluculare**: zu *lucere* und *lux* – **messim . . . adiuvent**: wie *nos in messe adiuvent* – **tremibundus** Adj.: *qui tremit* – **trepidulus**: wie *trepidans* – **circumstrepere**: zu *strepitus* – **asportare**: aus *ad* und *portare* – **metere**: mähen – **reicere**: h. übertragen – **crastino** *(die)*: wie *cras* – **necessum est**: wie *necesse est* – **pabulum**: Futter

10 **opperiri**: erwarten – **fervere**: brennen – **rursum**: wie *rursus* – **cessator; -oris**: *qui cessat*

imus et cognatos adfinesque nostros oramus, ut adsint cras temperi
ad metendum?" Itidem hoc pulli pavefacti matri nuntiant. Mater
12 hortatur, ut tum quoque sine metu ac sine cura sint; cognatos
adfinesque nullos ferme tam esse obsequibiles ait, ut ad laborem
capessendum nihil cunctentur et statim dicto oboediant: „vos
13 modo" inquid „advertite, si modo quid denuo dicetur". Alia luce
orta avis in pastum profecta est. Cognati et adfines operam, quam
14 dare rogati sunt, supersederunt. Ad postremum igitur dominus filio:
„valeant" inquid „amici cum propinquis. Afferes prima luce falces
duas; unam egomet mihi et tu tibi capies alteram, et frumentum
15 nosmet ipsi manibus nostris cras metemus". Id ubi ex pullis dixisse
dominum mater audivit: „tempus" inquit „est cedendi et abeundi;
fiet nunc dubio procul, quod futurum dixit. In ipso enim iam
16 vertitur, cuia res est, non in alio, unde petitur". Atque ita cassita
nidum migravit, seges a domino demessa est.
17 Haec quidem est Aesopi fabula de amicorum et propinquorum levi
18 plerumque et inani fiducia. Sed quid aliud sanctiores libri philoso-
19 phorum monent, quam ut in nobis tantum ipsis nitamur, alia autem
omnia, quae extra nos extraque nostrum animum sunt, neque pro
20 nostris neque pro nobis ducamus? Hunc Aesopi apologum Q. Ennius in Satiris scite admodum et venuste versibus quadratis composuit. Quorum duo postremi isti sunt, quos habere cordi et memoriae operae pretium esse hercle puto: Hóc erít tibi árguméntum sémper ín promptú sitúm: Né quid éxspectés amícos, quód tute ágere póssiés.

---

11 **adfinis, -is** m.: Schwager – **temperi**: zur rechten Zeit – **itidem**: ebenfalls – **pavefactus**: erschrocken – **ferme**: wie *fere* – **obsequibilis, -e**: *qui obsequitur* – **capessere**: wie *capere* – **advertere**: h. aufpassen – **denuo**: von neuem – **pastus, -us**: Futter – **supersedēre,** *-sedi, sessum* (m. Akk.): sich hinwegsetzen über – **falx, falcis** f.: Sichel – **egomet**: wie *ego*

15 **dubio procul**: wie *sine dubio* – **cuia res est**: dessen Aufgabe es ist – **migrare**: h. fortschaffen – **demetere**: abernten – **Aesopus**: der berühmte griech. Fabeldichter des 6. Jh. vor Chr. – **aliquid ducere pro aliquo**: etwas halten für

20 **Ennius**: röm. Dichter, 239–169 vor Chr., Schöpfer des röm. Epos, ein Vorbild des Vergil – **Satirae**: Satiren, Texte, in denen Ennius seine Mitmenschen kritisch-spöttisch belehrt – **scite** Adv. (zu *scire*): klug – **venustus** (vgl. *Venus*): anmutig – **versus quadrati**: Tetrameter, Versmaß, bestehend aus vier Metren, z. B. aus vier Trochäen-Paaren – **hercle**: beim Herkules – **tute**: wie *tu* – **possies**: wie *possis*

4. Androclus und der Löwe (Gellius 5, 14,5–28)

(vgl. Einführung zu Text 3)

5 In circo maximo venationis amplissimae pugna populo dabatur.
6, 7 Eius rei, Romae cum forte essem, spectator fui. Multae ibi saevien-
tes ferae, magnitudines bestiarum excellentes, omniumque invisi-
8 tata aut forma erat auf ferocia. Sed praeter alia omnia leonum
9 immanitas admirationi fuit praeterque omnes ceteros unus. Is unus
leo corporis impetu et vastitudine terrificoque fremitu et sonoro,
toris comisque cervicum fluctuantibus animos oculosque omnium
10 in sese converterat. Introductus erat inter complures ceteros ad
pugnam bestiarum datus servus viri consularis; ei servo Androclus
11 nomen fuit. Hunc ille leo ubi vidit procul, repente quasi admirans
stetit ac deinde sensim atque placide tamquam noscitabundus ad
12 hominem accedit. Tum caudam more atque ritu adulantium canum
clementer et blande movet hominisque se corpori adiungit cruraque
eius et manus prope iam exanimati metu lingua leniter demulcet.
13 Homo Androclus inter illa tam atrocis ferae blandimenta amissum
animum recuperat, paulatim oculos ad contuendum leonem refert.
14 Tum quasi mutua recognitione facta laetos et gratulabundos videres
15 hominem et leonem. Ea re prorsus tam admirabili maximos populi
clamores excitatos dicit accersitumque a Caesare Androclum quae-
16 sitamque causam, cur illi atrocissimus leo uni parsisset. Ibi Andro-
17 clus rem mirificam narrat atque admirandam. „Cum provinciam“

---

5 **circus maximus**: Platz für die blutigen Kämpfe der Gladiatoren in Rom – **venatio, -ionis** f.: zu *venari* – **amplus**: h. aufwendig

6 **spectator, -oris**: *homo, qui spectat aliquid* – **saevire**: zu *saevus* – **invisitatus**: ungewöhnlich – **ferocia**: zu *ferox* – **immanitas, -atis** f.: zu *immanis, -e* – **admirationi**: Dat. finalis – **vastitudo, -inis** f. (zu *vastus*): h. gewaltige Größe – **terrificus**: *qui terrori alicui est* – **fremitus, -us**: zu *fremere* – **sonorus** (zu *sonare*): dröhnend – **torus**: Muskel – **comae cervicum**: Mähne – **fluctuari**: wallen

10 **vir consularis**: ehemaliger Konsul – **sensim**: langsam – **noscitabundus**: *qui aliquem paulatim re-cognoscit* – **cauda**: Schwanz – **ritus, -us**: h. Art – **adulari**: schmeicheln – **crus, cruris** n.: Schenkel – **exanimatus**: wie *mortuus* – **demulcere**: lecken – **blandimentum**: Subst. zu *blandus* – **recuperare**: wiedergewinnen – **contueri**: wie *tueri* – **recognitio, -ionis** f.: das Wiedererkennen – **gratulabundus**: *qui gratulatur* – **videres**: Potentialis der Vergangenheit

15 **prorsus**: ganz – **dicit**: Subjekt ist der Erzähler des Ereignisses, der *spectator* (vgl. 6) – **accersere**, *-o, accersivi, accersitum*: wie *arcessere* – **parsisset**: wie *pepercisset (parcere)* – **mirificus**: wie *mirus*

inquit „Africam proconsulari imperio meus dominus obtineret, ego
ibi iniquis eius et cotidianis verberibus ad fugam sum coactus et,
ut mihi a domino, terrae illius praeside, tutiores latebrae forent, in
camporum et arenarum solitudines concessi ac, si defuisset cibus,
18 consilium fuit mortem aliquo pacto quaerere. Tum sole medio
rabido et flagranti specum quandam nanctus remotam latebrosam-
19 que in eam me penetro et recondo. Neque multo post ad eandem
specum venit hic leo debili uno et cruento pede gemitus edens et
20 murmura dolorem cruciatumque vulneris commiserantia." Atque
illic primo quidem conspectu advenientis leonis territum sibi et
21 pavefactum animum dixit. „Sed postquam introgressus" inquit
„leo, uti re ipsa apparuit, in habitaculum illud suum, videt me
procul delitescentem, mitis et mansues accessit et sublatum pedem
22 ostendere mihi et porrigere quasi opis petendae gratia visus est. Ibi
ego stirpem ingentem vestigio pedis eius haerentem revelli concep-
tamque saniem volnere intimo expressi accuratiusque sine magna
23 iam formidine siccavi penitus atque detersi cruorem. Illa tunc mea
opera et medella levatus pede in manibus meis posito recubuit et
24 quievit, atque ex eo die triennium totum ego et leo in eadem specu
25 eodemque victu viximus. Nam, quas venabatur feras, membra
opimiora ad specum mihi subgerebat, quae ego ignis copiam non
26 habens meridiano sole torrens edebam. Sed ubi me vitae illius
ferinae iam pertaesum est, leone in venatum profecto reliqui spe-

---

17 **proconsulare imperium** das Amt eines Prokonsuls mit der Funktion eines röm. Statthalters – **praeses, praesidis**: Befehlshaber – **arena**: h. Wüste – **concedere**: wie *cedere* – **aliquo pacto**: auf irgendeine Weise – **rabidus**: schrecklich heiß – **specus, -us** f.: Höhle – **latebrosus**: wie *latens* – **se penetrare**: wie *intrare* – **recondere**: verstecken – **debilis, -e** (vgl. debil), schwach – **cruentus**: Adj. zu *cruor* – **gemitus, -us**: das Stöhnen – **edere**: h. von sich geben – **murmur, murmuris** n.: das Stöhnen – **cruciatus, -us** (zu *crux*): Marter – **commiserari** (zu *miser* u. *miserari*): beklagen

20 **pavefactus**: wie *pavore affectus* – **introgredi**: wie *intrare* – **habitaculum** (zu *habitare*): wie *domicilium* – **se delitescere**: wie *se occultare* – **mansues, mansuetis**: Adj. zu *mansuetudo* – **stirps, stirpis** f.: h. Stachel – **vestigium**: h. Sohle – **revellere**, *-o, -velli, -vulsum*: herausreißen – **sanies, -ei** f.: Eiter – **volnere**: wie *vulnere* – **accuratus** (zu *cura*): wie *diligens* – **siccare**: *aliquid siccum facere* – **penitus**: innen – **detergere**, *-o, -tersi, -tersum*: abwischen – **medella**: wie *auxilium* – **recubare**: wie *cubare* – **triennium** (aus *tres* und *annus*): drei Jahre lang

25 **opimus**: fett – **subgerebat**: wie *gerebat* – **meridianus**: Adj. zu *meridies* – **torrere**: dörren – **ferinus**: wild – **me pertaesum est alicuius**: ich bin einer Sache überdrüssig – **venatus, -us**: Subst. zu *venari*

cum et viam ferme tridui permensus a militibus visus apprehensus-
27 que sum et ad dominum ex Africa Romam deductus. Is me statim
28 rei capitalis damnandum dandumque ad bestias curavit. Intellego
autem hunc quoque leonem me tunc separato captum gratiam mihi
nunc beneficii et medicinae referre."

5. Arion

(Gellius 16, 19)

(vgl. Einführung zu Text 3)

1 Celeri admodum et cohibili oratione vocumque filo tereti et can-
2 dido fabulam scripsit Herodotus super fidicine illo Arione. „Vetus"
3 inquit „et nobilis Arion cantator fidibus fuit. Is loco et oppido
4 Methymnaeus, terra atque insula omni Lesbius fuit. Eum Arionem
5 rex Corinthi Periander amicum amatumque habuit artis gratia. Is
inde a rege proficiscitur terras inclutas Siciliam atque Italiam visere.
6 Ubi eo venit auresque omnium mentesque in utriusque terrae ur-
bibus demulsit, in quaestibus istic et voluptatibus amoribusque
7, 8 hominum fuit. Is tum postea grandi pecunia et re bona multa
copiosus Corinthum instituit redire, navem igitur et nautas ut no-
9 tiores amicioresque sibi Corinthios delegit." Sed eos Corinthios
homine accepto navique in altum provecta praedae pecuniaeque
10 cupidos cepisse consilium de necando Arione. Tum illum ibi per-
nicie intellecta pecuniam ceteraque sua, ut haberent, dedisse, vitam
11 modo sibi ut parcerent, oravisse. Nautas precum eius harum com-
miseritum esse illactenus, ut ei necem afferre per vim suis manibus
temperarent, sed imperavisse, ut iam statim coram desiliret prae-
12 ceps in mare. „Homo" inquit „ibi territus spe omni vitae perdita id

---

26 **ferme**: wie *fere* – **permetiri,** *-ior, -mensus sum* (zu *metiri*): durchmessen – **apprehendere**: wie *comprehendere* – **deducere**: wie *ducere* – **rei capitalis damnare**: zum Tode verurteilen – **medicina**: h. Heilung

1 **cohibilis, -e**: wie *brevis* – **filum**: Faden – **teres, teretis**: geschmackvoll – **super**: h. wie *de* – **fidicen, fidicinis**: Leierspieler – **cantator, -oris**: *homo, qui cantare solet* — **fides, -ium**: Leier – **Methymnaeus**: Mann aus Methymna auf der Insel Lesbos – **Lesbius**: Lesbier – **Corinthus**: Stadt in Griechenland

5 **inclutus**: wie *clarus* – **demulgere,** *-eo, -mulsi*: wie *delectare* – **quaestus, -us:** Gewinn – **istic**: wie *ibi* – **amicus**: h. Adj. – **provehi,** *-or, -vectus sum*: auslaufen

11 **commiseritum est aliquem**: jemand hat Mitleid bekommen; im Genitiv steht der Grund oder Anlaß des Mitleides – **illactenus**: insofern – **coram**: h. vor ihren Augen

unum postea oravit, ut, priusquam mortem obpeteret, induere per-
mitterent sua sibi omnia indumenta et fides capere et canere carmen
13 casus illius sui consolabile. Feros et immanes nautas prolubium
14 tamen audiendi subit; quod oraverat, impetrat. Atque ibi mox de
more cinctus, amictus, ornatus stansque in summae puppis foro
15 carmen, quod orthium dicitur, voce sublatissima cantavit. Ad
postrema cantus cum fidibus ornatuque omni sicut stabat canebat-
que, iecit sese procul in profundum. Nautae haudquaquam dubi-
16 tantes, quin perisset, cursum, quem facere coeperant, tenuerunt. Sed
novum et mirum et pium facinus contigit.“ Delphinum repente
inter undas adnavisse fluitantique sese homini subdidisse et dorso
super fluctus edito vectavisse incolumique eum corpore et ornatu
17 Taenarum in terram Laconicam devexisse. Tum Arionem prorsus
ex eo loco Corinthum petivisse talemque Periandro regi, qualis
delphino vectus fuerat, inopinanti sese obtulisse eique rem, sicuti
18 acciderat, narravisse. Regem istaec parum credidisse, Arionem,
19 quasi falleret, custodiri iussisse, nautas requisitos ablegato Arione
dissimulanter interrogasse, ecquid audissent in his locis, unde ve-
20 nissent, super Arione; eos dixisse hominem, cum inde irent, in terra
Italia fuisse eumque illic bene agitare et studiis delectationibusque
urbium florere atque in gratia pecuniaque magna opulentum for-
21 tunatumque esse. Tum inter haec eorum verba Arionem cum fi-
dibus et indumentis, cum quibus se in salum eiaculaverat, extitisse,
22.23 nautas stupefactos convictosque ire infitias non quisse. Eam fabu-
lam dicere Lesbios et Corinthios, atque esse fabulae argumentum,
quod simulacra duo aenea ad Taenarum viserentur, delphinus ve-
hens et homo insidens.

---

12 **mortem obpetere**: wie *mortem obire* – **indumenta, -orum**: Subst. zu *induere* – **consolabilis, -e**: trostbringend – **prolubium**: Wunsch – **amictus**: bekleidet – **puppis, -is** f.: Heck – **forum**: h. Stelle – **orthius**: „hoher Gesang“ – **sublatus**: h. durchdringend

15 **profundum**: die Tiefe – **haudquaquam**: keinesfalls – **delphinus**: Delphin – **adnavisse**: zu *adnare* heranschwimmen – **fluitare**: dahintreiben – **se subdere**: sich schieben unter – **dorsum**: Rücken – **vectare**: wie *portare* – **Taenarus**: Ortschaft an der Südküste der Peloponnes – **Laconicus**: lakonisch, peloponnesisch – **devehere,** *-o, -vexi, -vectum*: bringen – **inopinans**: nichts ahnend – **istaec**: das – **ablegare**: fortschicken – **dissimulanter**: sich verstellend – **ecquid**: ob . . . etwas

20 **delectatio, -ionis**: Subst. zu *delectare* – **fortunatus**: wie *felix* – **salum**: wie *mare* – **eiaculare**: wie *praecipitare* – **stupefacere**: in Erstaunen setzen – **ire infitias**: leugnen – **quire**: wie *posse* – **aeneus**: aus Erz – **insidere**: wie *sedere*

6. Der zahme Delphin (Plinius, Briefe 9, 33)

C. Plinius Caecilius Secundus, der Jüngere, wurde bald nach 60 in Comum (Como) geboren, war römischer Beamter, Redner und Anwalt. Von seinen literarischen Werken sind seine Briefe erhalten, die als kleine Berichte und Erzählungen über begrenzte Ereignisse an Freunde und Verwandte gerichtet und wohl von vornherein zur Veröffentlichung bestimmt waren. Berühmt sind die Briefe über den Ausbruch des Vesuv im Jahre 79 nach Chr. und der Briefwechsel mit Kaiser Trajan.

C. Plinius Caninio suo s.

1 Incidi in materiam veram, sed simillimam fictae dignamque isto laetissimo, altissimo planeque poetico ingenio; incidi autem, dum super cenam varia miracula hinc inde referuntur. Magna auctori fides; tametsi quod poetae cum fide? Is tamen auctor, cui bene vel historiam scripturus credidisses.

2 Est in Africa Hipponensis colonia mari proxima. Adiacet navigabile
stagnum; ex hoc in modum fluminis aestuarium emergit, quod vice
alterna, prout aestus aut repressit aut impulit, nunc infertur mari,
3 nunc redditur stagno. Omnis hic aetas piscandi, navigandi atque
etiam natandi studio tenetur, maxime pueri, quos otium lususque
sollicitat. His gloria et virtus altissime provehi; victor ille, qui
longissime ut litus ita simul natantes reliquit.

4 Hoc certamine puer quidam audentior ceteris in ulteriora tendebat. Delphinus occurrit, et nunc praecedere puerum, nunc sequi, nunc circumire, postremo subire, deponere, iterum subire trepidantemque perferre primum in altum, mox flectit ad litus redditque terrae et aequalibus.

5 Serpit per coloniam fama; concurrere omnes, ipsum puerum tamquam miraculum adspicere, interrogare, audire, narrare. Postero die obsident litus, prospectant mare et si quid est mari simile. Natant pueri, inter hos ille, sed cautius. Delphinus rursus ad tempus,

---

Caninius: ein guter Bekannter des Plinius, ein Schriftsteller, dem Plinius Stoff *(materia)* für seine Arbeit liefern will

1 **poeticus**: Adj. zu *poeta* – **vel**: h. sogar – **historia**: Geschichte – **Hipponensis colonia**: die röm. Kolonie Hippo in Nordafrika – **adiacere** *(iacere)*: in der Nähe sein – **navigabilis**: mit *naves* befahrbar – **navigabile stagnum**: h. Lagune – **aestuarium**: Strömung – **emergere,** *-o, -mersi*: h. entstehen – **vice alterna**: abwechselnd – **prout**: je nachdem – **aestus, -us**: h. Flut – **reprimere**: aus *re-* und *premere* – **piscari** *(piscis)*: fischen – **natare**: schwimmen – **lusus**: h. Lust am Spielen – **provehi**: h. hinausschwimmen – **audens** *(audere)*: wagemutig – **delphinus**: Delphin – **praecedere** (m. Akk.): h. vorausschwimmen

5 **serpere** (zu *serpens*): kriechen, sich verbreiten – **prospectare**: wie *spectare*

rursus ad puerum. Fugit ille cum ceteris. Delphinus, quasi invitet,
revocet, exsilit, mergitur variosque orbes implicat expeditque.
6 Hoc altero die, hoc tertio, hoc pluribus, donec homines innutritos
mari subiret timendi pudor. Accedunt et adludunt et appellant,
tangunt etiam pertrectantque praebentem. Crescit audacia experi-
mento. Maxime puer, qui primus expertus est, adnatat nanti, insilit
tergo, fertur referturque, agnosci se, amari putat, amat ipse; neuter
timet, neuter timetur; huius fiducia, mansuetudo illius augetur. Nec
7 non alii pueri dextra laevaque simul eunt hortantes monentesque.
Ibat una (id quoque mirum) delphinus alius, tantum spectator et
comes; nihil enim simile aut faciebat aut patiebatur, sed alterum
illum ducebat reducebatque, ut puerum ceteri pueri.
8 Incredibile, tam verum tamen quam priora, delphinum gestatorem
collusoremque puerorum in terram quoque extrahi solitum hare-
9 nisque siccatum, ubi incaluisset, in mare revolvi. Constat Octavium
Avitum, legatum proconsulis, in litus educto religione prava super-
fudisse unguentum, cuius illum novitatem odoremque in altum
refugisse nec nisi post multos dies visum languidum et maestum,
mox redditis viribus priorem lasciviam et solita ministeria repe-
10 tisse. Confluebant omnes ad spectaculum magistratus, quorum ad-
ventu et mora modica res publica novis sumptibus atterebatur.
Postremo locus ipse quietem suam secretumque perdebat; placuit
occulte interfici, ad quod coibatur.
11 Haec tu qua miseratione, qua copia deflebis, ornabis, attolles!
Quamquam non est opus adfingas aliquid aut adstruas; sufficit, ne
ea, quae sunt vera, minuantur. Vale.

---

5 **exsilire**: herausspringen – **orbes implicare**: Kreise ziehen – **expedire**: h. loslassen – **innutritus mari**: am Meer aufgewachsen – **adludere** (zu *ludere*): ihre Scherze treiben – **pertrectare**: berühren – **experimentum**: (gute) Erfahrung – **nanti**: zu *nare* schwimmen – **insilire**: aufspringen – **dextra laevaque**: adv. Bestimmung des Ortes – **una**: zusammen – **tantum**: nur – **spectator**: *qui spectat* – **gestator** (zu *gerere*): h. Reittier – **collusor**: Spielgefährte – **extrahere**: aus *ex* und *trahere* – **solitum**: erg. *esse* Prädikat des A.c.i. – **harena**: h. Sand – **siccatus**: getrocknet – **incalescere,** *-o, -calui*: heiß werden – **revolvere**: aus *re-* und *volvere* – **in litus educto**: bezieht sich auf den Delphin – **religio, -onis**: h. Aberglaube – **superfundere,** *-o, -fudi, -fusus*: übergießen – **unguentum**: Parfüm – **novitas, -atis** f.: Subst. zu *novus* – **refugere** (m. Akk.): fliehen vor – **lascivia**: Ausgelassenheit – **ministerium**: h. Dienst

10 **confluere**: wie *convenire* – **spectaculum** *(spectare)*: Schauspiel – **atterere**: in Schwierigkeiten bringen – **miseratio**: Ergriffenheit – **copia**: h. Wortreichtum – **deflere** *(flere)*: beklagen – **attollere** *(tollere)*: h. steigern – **est opus adfingas**: wie *est opus te adfingere* (hinzudichten)

7. Das Pantherweibchen (Plinius d. Ä., Naturalis Historia 8, 59–60)

Plinius der Ältere (23–79) ist der Onkel des jüngeren Plinius. Er war Flottenkommandant in Misenum und starb während des Vesuvausbruchs. Von seinen schriftstellerischen Werken ist seine *Naturalis historia* erhalten, die nicht nur eine Darstellung der Tierwelt und des Menschen, sondern auch eine umfassende Geographie der damals bekannten Welt, eine Botanik einschließlich einer Heilpflanzenlehre, eine Metallkunde, eine Farbenlehre und eine Beschreibung der Gesteine und Edelsteine enthält.

Aeque memorandum et de panthera tradit Demetrius physicus: iacentem in media via hominis desiderio repente apparuisse patri cuiusdam Philini, adsectatoris sapientiae; illum pavore coepisse regredi, feram vero circumvolutari non dubie blandientem seseque conflictantem maerore, qui etiam in panthera intellegi posset. Feta erat, catulis procul in foveam delapsis. Primum ergo miserationis fuit non expavescere, proximum et curam intendere. Secutusque qua trahebat vestem unguium levi iniectu; ut causam doloris intellexit simulque salutis suae mercedem, exemit catulos. Ea cum his prosequente usque extra solitudines deductus laeta atque gestiente, ut facile appareret gratiam referre et nihil in vicem inputare, quod etiam in homine rarum est.

---

1 **memorare** (zu *memor* u. *memoria*): erwähnen – **panthera, -ae** f.: Panther – **hominis**: Gen. obiect. – **adsectator**: Anhänger, Freund – **regredi**: wie *recedere* – **circumvolutari**: umkreisen – **blandiens**: wie *blandus* – **se conflictari** (m. Abl.): sich verzehren in

5 **feta**: Weibchen – **catulus**: Junges – **fovea**: Grube – **delabi**: aus *de* und *labi* – **miseratio**: wie *misericordia* – **est** m. Gen.: es ist ein Zeichen von – **expavescere**: in Schrecken geraten – **unguis, -is**: Kralle, Klaue – **iniectus, -us**: h. Berührung – **eximere**: herausholen – **prosequi**: wie *sequi*

10 **laeta atque gestiente**: Prädikativa zu *ea . . . prosequente* – **gestire**: sich freuen – **in vicem inputare**: eine Gegenrechnung aufmachen

8. Die Gänse der Juno (Livius 5, 47)

In seinem Geschichtswerk behandelt Livius (59 vor Chr. bis 17 nach Chr.) aus Padua, der Freund des Augustus,die römische Geschichte seit der Gründung der Stadt Rom *(ab urbe condita)*. Die vorliegende Episode spielt zur Zeit des Galliereinfalls in Rom (387 vor Chr.), als die Stadt aufs höchste bedroht war.

1, 2 Interim arx Romae Capitoliumque in ingenti periculo fuit. Namque
Galli nocte sublustri, cum primo inermem, qui temptaret viam,
praemisissent, tradentes inde arma, ubi quid iniqui esset, alterni
innixi sublevantesque invicem et trahentes alii alios, prout postu-
3 laret locus, tanto silentio in summum evasere, ut non custodes
solum fallerent, sed ne canes quidem, sollicitum animal ad noctur-
4 nos strepitus, excitarent. Anseres non fefellere, quibus sacris Iuno-
nis in summa inopia cibi tamen abstinebatur. Quae res saluti fuit;
namque clangore eorum alarumque crepitu excitus M. Manlius, qui
triennio ante consul fuerat, vir bello egregius, armis arreptis simul
ad arma ceteros ciens vadit et, dum ceteri trepidant, Gallum, qui
5 iam in summo constiterat, umbone ictum deturbat. Cuius casus
prolapsi cum proximos sterneret, trepidantes alios armisque omis-
sis saxa, quibus adhaerebant, manibus amplexos trucidat. Iamque
et alii congregati telis missilibusque saxis proturbare hostes, ruina-
6 que tota prolapsa acies in praeceps deferri. Sedato deinde tumultu
reliquum noctis, quantum in turbatis mentibus poterat, cum prae-
teritum quoque periculum sollicitaret, quieti datum est.

---

2 **sublustris, -e**: hell – **inermis, -is**: *homo sine armis* – **alterni innixi**: sich gegenseitig stützend – **invicem**: abwechselnd – **prout**: je nachdem

4 **anser, anseris** m./f.: Gans – **sacris Iunonis**: Prädikativum zu *quibus* – **clangor, -oris**: *anserum clamor* – **crepitus, -us**: zu *crepare* – **excitus**: wie *excitatus* – **umbo, -onis** m.: Schild – **ictus**: getroffen – **deturbare**: hinabschleudern

5 **prolapsi**: wie *lapsi* (von *labi*) zu *cuius* – **sternere**: h. mitreißen – **saxa**: Obj. zu *amplexos* – **adhaerere** (zu *haerere*): sich festklammern – **amplecti,** *-or, amplexus sum*: umklammern – **trucidare**: wie *occidere* – **congregari**: h. zusammenströmen – **missile saxum**: Schleuderstein – **proturbare**: wie *turbare* – **ruina**: h. Sturz – **in praeceps deferri**: in die Tiefe stürzen

9. Laokoon (Hygin, Fabulae, Nr. 108, 116, 135)

Hygin war ein Freigelassener des Kaisers Augustus und von diesem als Leiter der kaiserlichen Bibliothek auf dem Palatin eingesetzt worden. Er verfaßte verschiedene Schriften über landwirtschaftliche, theologische, philologische und altertumskundliche Themen. Die *Fabulae,* ein Handbuch der Götter- und Heldengestalten der griech.-röm. Mythologie, sind irrtümlich unter Hygins Namen überliefert. Sie stammen in Wirklichkeit erst aus dem 2. Jahrhundert nach Chr.

Achivi cum per decem annos Troiam capere non possent, Epeus monitu Minervae equum mirae magnitudinis ligneum fecit eoque sunt collecti Menelaus, Ulysses aliique. In equo scripserunt: „Danai Minervae dono dant"; castraque transtulerunt Tenedum. Id Troiani cum viderunt, arbitrati sunt hostes abisse.

Laocoon, Apollinis sacerdos, contra voluntatem Apollinis cum uxorem duxisset atque liberos procreasset, sorte ductus, ut sacrum faceret Neptuno ad litus: Apollo occasione data a Tenedo per fluctus maris dracones misit duos, qui filios eius necarent. Quibus Laocoon cum auxilium ferre vellet, ipsum quoque nexum necaverunt. Quod Phryges factum putarunt, quod Laocoon hastam in equum Troianum miserit. Priamus equum in arcem Minervae duci imperavit feriatique magno opere ut essent, edixit. Id vates Cassandra cum vociferaretur inesse hostes, fides ei habita non est. Equum cum in arcem statuissent et ipsi lusu atque vino lassi obdormissent, Achivi ex equo aperto exierunt et portarum custodes occiderunt sociosque signo dato receperunt et Troia sunt potiti.

Ilio capto et divisa praeda Danai cum domum redirent, ira deorum, quod fana spoliaverant, tempestate et flatibus adversis naufragium fecerunt. At Ulyssem ventus detulit ad Maronem in Thraciam, Menelaum in Aegyptum, Agamemnon cum Cassandra in patriam pervenit.

---

1 **Achivi**: die Griechen – **monitus, -us**: zu *monere* – **ligneus**: Adj. zu *lignum* – **Ulysses**: Odysseus – **Tenedus**: Insel vor der trojanischen Küste – **Danai**: anderer Name für die Griechen – **procreare**: zu *creare*

9 **draco, -onis**: Seeungeheuer – **nexus**: umschlungen – **Phryges**: Trojaner – **hasta**: Lanze – **feriatus**: dienstfrei – **magno opere**: Abl. causae – **vates, -is**: Seherin, Prophetin – **vociferari**: verkünden

15 **lusus, -us**: wie *ludus* – **lassus**: erschöpft – **obdormire**: zu *dormire* – **flatus, -us**: Sturm – **naufragium** (aus *navis* und *frangere*): Schiffbruch

10. Die Schweine der Circe

(Hygin, Fabulae, Nr. 125)

(vgl. Einführung zu Text 9)

Is Ulyssem hospitio libere accepit follesque ventorum ei plenos muneri dedit: socii vero aurum argentumque credentes cum accepissent et secum partiri vellent, folles clam solverunt ventique evolaverunt. Rursum ad Aeolum est delatus; a quo eiectus est, quod videbatur Ulysses numen deorum infestum habere. Ad Laestrygonas, quorum rex fuit Antiphanes; qui socios devoravit navesque eius confregit excepta nave, qua sociis eius consumptis evasit ad insulam Aenariam ad Circen, Solis filiam. Quae potione data homines in feras bestias commutabat; ad quam Eurylochum cum viginti duobus sociis misit, quos illa ab humana specie immutavit. Eurylochus timens qui non intraverat,inde fugit et Ulyssi nuntiavit, qui solus ad eam se contulit. Sed in itinere Mercurius ei remedium dedit monstravitque, quo modo Circen deciperet. Qui postquam ad Circen venit et poculum ab ea accepit, remedium Mercurii monitu coniecit ensemque strinxit minatus, nisi socios sibi restitueret, se eam interfecturum. Tunc Circe intellexit non sine voluntate deorum id esse factum. Itaque fide data se nihil tale commissuram, socios eius ad pristinam formam restituit.

---

1 **is**: gemeint ist Aelous, der sagenhafte Herrscher der Winde – **Ulysses**: Odysseus – **hospitium**: zu *hospes* – **follis, -is** m.: Sack – **evolare**: aus *ex* und *volare* – **rursum**: wie *rursus* – **eicere**: aus *ex* und *iacere*

6 **devorare**: verschlingen – **confringere,** *-o, -fregi, -fractus*: wie *frangere* – **consumere**: h. vernichten – **potio, -ionis** f.: Trank, Getränk – **commutare**: wie *mutare*

10 **immutare**: wie *mutare* – **Mercurius**: Merkur oder Hermes, Bote der Götter – **ensis, -is** m.: Schwert

Metrischer Anhang

1. Teil

Schema zu 1

/ v / v / v /
/ v / v / v /
/ v / v / v /
v / v / v / v /

(/ = betonte
v = unbetonte Silbe)

Schema zu 2

/ v / v / v /
/ v / v / v /
/ v / v / v /
v / v / v /
/ v / v / v
/ v / v / v /

Schema zu 3b (– = lange, ◡ = kurze, –́ od. ◡́ = betonte Silbe)

◡ –́ ◡ –́ – ◡́ ◡ – –́ – –́ ◡ ◡́
◡ ◡ –́ – ◡́ ◡ – –́ ◡ –́ ◡ ◡ –́ ◡ –́
– –́ ◡ –́ – –́ – –́ ◡ ◡ –́ ◡ ◡́
◡ –́ ◡ –́ ◡ –́ ◡ –́ – –́ ◡ ◡́
– –́ ◡ –́ – ◡́ ◡ – –́ – –́ ◡ –́
◡ –́ ◡ –́ ◡ –́ ◡ –́ – –́ ◡ ◡́
– –́ ◡ –́ ◡ –́ – –́ – –́ ◡ –́
– –́ ◡ –́ – –́ ◡ ◡́ ◡ – –́ ◡ –́
◡ –́ – –́ ◡ –́ – –́ – –́ ◡ ◡́
– –́ – –́ – –́ – –́ – –́ ◡ ◡́
– –́ – ◡́ ◡ – –́ ◡ –́ – –́ ◡ ◡́
– –́ ◡ –́ – –́ ◡ –́ – –́ ◡ –́

(Iambischer Senar)

Schema zu 4b

◡ –́ ◡ –́ – –́ – ◡́ ◡ – –́ ◡ ◡́
– –́ – –́ – –́ ◡ –́ – –́ ◡ ◡́
– –́ – ◡́ ◡ – –́ – –́ ◡ –́ ◡ ◡́
– –́ – –́ – –́ – –́ – –́ ◡ –́
– –́ ◡ –́ ◡ –́ ◡ –́ – –́ ◡ –́
– –́ ◡ –́ – –́ – –́ – –́ ◡ ◡́
– –́ ◡ –́ – ◡́ ◡ – –́ – –́ ◡ –́
– –́ ◡ –́ ◡ –́ – –́ – –́ ◡ ◡́
◡ –́ ◡ –́ – –́ ◡ –́ – ◡́ ◡ ◡ ◡́
– –́ ◡ –́ – –́ – ◡́ ◡ – –́ ◡ ◡́

Schema zu 7

v / v / v / v /
v / v / v / v /
v / v / v / v /
/ v / v
/ v / v
v / v / v /

Schema zu 8

/ v / v / v /
/ v / v / v
/ v / v / v /
/ v / v / v

Schema zu 9

/ v / v / v /
/ v / v / v /
/ v / v / v
/ v / v / v /
/ v / v / v od. v / v / v / v

Schema zu 10

/ v / v / v /	/ v / v / v
/ v / v / v /	/ v / v / v
/ v / v / v /	/ v / v / v
/ v / v / v /	v / v / v / v

2. Teil

Schema zu 1

/ v / v / v /
/ v / v / /
/ v / v / v /
/ v / v / /
/ v / v / v /
/ v / v / v /
/ v / v / /
/ v / v / v /
/ v / v / v /
/ v / v / /

Schema zu 2

v / v / v / v /
v / v / v / v /
v / v / v / v /
v / v / v / v /

Schema zu 10

´– – ´– ◡ ◡ ´– ◡ ´– ◡ ´– ⏓

(Hendecasyllabus)

3. Teil

Schema zu 1

v / v / v / v /
v / v / v / v /
v / v / v / v /
v / v / v / v / od. v v / v / v / v /

Schema zu 2

(wie bei 1)

Literaturhinweise

Cancik, H.: Amphitheater. Zum Problem der „Gesamtinterpretation" am Beispiel von Statius, Silve II 5: Leo mansuetus, in: Der altsprachliche Unterricht (= AU) 14, 3, 1971, 66–81.

Firnkes, M.: Phädrus als Autor in der Mittelstufe/Sekundarstufe I, in: Lateinische Dichterlektüre I (AUXILIA 4), Bamberg 1982, 4–53.

Fuhrmann, M.: Ad Galli Cantum. Ein Hymnus des Prudenz als Paradigma christlicher Dichtung, in: AU 14, 3, 1971, 82–106.

Fuhrmann, M. – Fink, G.: Erwartungshorizont und Lesersteuerung: Drei Beispiele aus Notkers Gesta Karoli, in: AU 23, 3, 1980, 42–53.

Hermes, E.: Lateinisches Mittelalter im Unterricht, in: AU 3, 4, 1958, 28–58.

Jauss, H. R.: Untersuchungen zur mittelalterlichen Tierdichtung, Tübingen 1959.

Langosch, K.: Hymnen und Vagantenlieder, Basel/Stuttgart 1954.

Lühr, F.-F.: Res inauditae, incredulae. Aspekte lateinischer Unterhaltungsliteratur bei Petronius, Plinius dem Jüngeren und Gellius, in: AU 19, 1, 1976, 5–19.

Mader, L.: Antike Fabeln, München 1973.

Merwald, G.: „Orffs Carmina Burana". Querverbindungen zwischen Latein-, Deutsch- und Musikunterricht, in: AU 12, 4, 1969, 48–68.

Naumann, H.: Dichtung für Schüler und Dichtung von Schülern im Lateinischen Mittelalter, in: AU 17, 1, 1974, 63–84.

Niemann, K.-H.: Die Fabel als Spiegel menschlichen Verhaltens und als Anstoß zur Verhaltensänderung, in: AU 22, 3, 1979, 57–81.

Novati, F.: Carmina medii Aevi, Florenz 1883.

Oberg, E.: Cantus de lepore, in: Krefeld, H. (Hrsg.): Impulse für die lateinische Lektüre, Frankfurt 1979, 256–268.

Otto, A.: Die Sprichwörter und sprichwörtlichen Redensarten der Römer, Leipzig 1890 (Neudruck: Hildesheim 1965).

Röhrich, L.: Lexikon der sprichwörtlichen Redensarten, Freiburg 1973.

Ross, W.: Die Liebesgedichte im Cambridger Liederbuch (CC). Das Problem des „Frauenliedes" im Mittelalter, in: AU 20, 2, 1977, 40–62.

Schnur, H. C.: Lateinische Fabeln des Mittelalters, München 1979.

Schönfeld, H.: Caesarius von Heisterbachs Miracula, in: AU 3, 4, 1958, 99–107.

Servaes, F.-W.: Typologie und mittellateinische Tierdichtung, in: AU 17, 1, 1974, 17–29.

Snell, B.: Neun Tage Latein, Göttingen 1955, 44–46.

Toynbee, J. M. C.: Tierwelt der Antike, Mainz 1983.

Zeck, K.: Des Jacobus de Voragine „Legenda aurea", in: AU 6, 4, 1963, 63–72.

ratio

Lernzielbezogene lateinische Texte

1. **Terenz, Eunuchus**
Bearbeitet von Wolfgang Flurl, Best.-Nr. 5751

2. **Cicero, De re publica** mit Begleittexten
Bearbeitet von Horst Weinold, Best.-Nr. 5752

3. **Augustinus, De civitate dei** mit Begleittexten
Bearbeitet von Hans Buchner, Best.-Nr. 5753

4. **Livius, De lege Oppia abroganda** mit Begleittexten
Bearbeitet von Josef Erb, Best.-Nr. 5754

5. **Fälle aus dem römischen Recht**
Ausgewählt und erklärt von M. Fuhrmann und D. Liebs, Best.-Nr. 5755
Kommentar dazu, Best.-Nr. 5775

6. **Terenz, Die Brüder** mit Begleittexten
Bearbeitet von Thomas Meyer, Best.-Nr. 5756

7. **Herrscher, Helden, Heilige** Lateinische Lebensbilder
Bearbeitet von Gerhard Fink, Best.-Nr. 5757

8. **Sallust, Bellum Iugurthinum** mit Begleittexten
Bearbeitet von Matthias Faltenbacher, Best.-Nr. 5758

9. **Plinius, Briefe** mit Begleittexten
Bearbeitet von Kurt Benedicter, Best.-Nr. 5759

10. **Tacitus, Annalen** mit Begleittexten
Bearbeitet von Horst Weinold, Best.-Nr. 5760
Schülerkommentar dazu, Best.-Nr. 5780

11. **Lebensbewältigung durch Philosophie bei den Römern**
Bearbeitet von Hans Leretz, Best.-Nr. 5761
Kommentar dazu, Best.-Nr. 5781

12. **Römisches Leben**
Bearbeitet von Norbert Winkler, Best.-Nr. 5762
Schülerkommentar dazu, Best.-Nr. 5782

17. **Cicero, Erste Rede gegen Catilina** mit Begleittexten
Bearbeitet von Gerhard Jäger, Best.-Nr. 5767
Kommentar dazu, Best.-Nr. 5787

19. **Cicero, Staatslehre**
Bearbeitet von Horst Weinold, Best.-Nr. 5769
Kommentar dazu, Best.-Nr. 5789

24. **Cicero, Pro Sestio** mit Begleittexten
Bearbeitet von Heinz Gunermann, Best.-Nr. 5854
Kommentar dazu, Best.-Nr. 5874